能源与电力分析年度报告系列

2019 国内外能源与电力价格分析报告

国网能源研究院有限公司 编著

中国电力出版社
CHINA ELECTRIC POWER PRESS

内 容 提 要

《国内外能源与电力价格分析报告》是能源与电力分析年度报告系列之一，主要对近五年的国际电力、煤炭、石油、天然气等能源价格进行分析，为制定我国能源价格政策、分析能源价格与经济发展的内在联系、制定我国能源长期发展战略提供重要参考。

本报告对近五年国内外电力、煤炭、石油、天然气等能源价格水平及变动趋势进行了对比和分析，对我国 2019 年和 2020 年能源价格趋势进行了展望，并围绕核电上网电价机制、发电充裕度保障机制、用户侧储能激励政策和电网投资激励机制等热点问题进行了专题研究分析。

本报告可供能源和电力行业从业人员、相关企业价格工作人员、国家相关政策制定者及科研工作人员参考使用。

图书在版编目（CIP）数据

国内外能源与电力价格分析报告.2019/国网能源研究院有限公司编著.—北京：中国电力出版社，2019.11

（能源与电力分析年度报告系列）

ISBN 978-7-5198-4007-5

Ⅰ.①国… Ⅱ.①国… Ⅲ.①能源价格—研究报告—世界—2019 ②电价—研究报告—世界—2019 Ⅳ.①F407.205②F407.615

中国版本图书馆 CIP 数据核字（2019）第 248090 号

出版发行：中国电力出版社
地　　址：北京市东城区北京站西街 19 号（邮政编码 100005）
网　　址：http：//www.cepp.sgcc.com.cn
责任编辑：刘汝青（010-63412382）　娄雪芳
责任校对：王小鹏
装帧设计：赵姗姗
责任印制：吴　迪

印　　刷：北京瑞禾彩色印刷有限公司
版　　次：2019 年 11 月第一版
印　　次：2019 年 11 月北京第一次印刷
开　　本：787 毫米×1092 毫米　16 开本
印　　张：12.75
字　　数：175 千字
定　　价：88.00 元

能源与电力分析年度报告

编 委 会

《国内外能源与电力价格分析报告》

编 写 组

前 言
PREFACE

近年来，伴随能源结构的加速调整，全球能源格局正发生着重大变化，我国能源市场化改革也取得明显进展。2018 年数据显示，以天然气为代表的全球一次能源消费增长较快，受中国、印度等国家拉动，全球电力需求也出现较高增速，全球能源市场处于深度变动期和持续转型期，能源产业面临机遇和挑战。及时梳理、总结国内外石油、天然气、煤炭等一次能源价格和电力价格运行规律和变化趋势，加强相关比较研究，剖析改革热点问题，不仅可为制定我国能源价格政策提供重要参考，还有助于正确认识能源价格与经济发展之间的内在联系，服务于我国能源战略的落地实施。

《国内外能源与电力价格分析报告》是国网能源研究院有限公司推出的“能源与电力分析年度报告系列”之一，在该系列报告中重点关注能源电力价格情况，与其他年度报告相辅相成、互为补充。本报告立足世界能源价格走势及政策变化，以全球视野研究中国能源电力价格。本报告采用国内外能源相关统计机构发布的最新数据，主要数据来自国际能源署（IEA）的《能源价格与税收季报》、英国石油公司（BP 公司）的《BP 世界能源统计》、美国能源信息署（EIA）、欧盟统计局（Eurostat）、中国国家发展和改革委员会、中国国家能源局等。

本报告共分为 5 章。第 1 章对原油期货、现货价格以及离岸、到岸价格，成品油（汽油、柴油）价格水平及变动趋势进行了分析；第 2 章对北美地区、亚太地区、欧洲天然气市场价格，国际工业、居民用天然气价格以及液化天然气进口价格水平及变动趋势进行了分析；第 3 章对中国、亚太地区、大西洋地区煤炭市场价格，国际动力煤及发电用煤价格进行了分析；第 4 章对国内外上网电价、输配电价、销售电价水平和变动趋势，以及居民用电与工业用电比价、输配电价与销售电价比价关系进行了分析；第 5 章对国外典型国家核电上网电价机制、国外发电充裕度保障机制、美国加州用户侧储能激励政策、国外电网投资激励机制等进行了专题分析研究。

本报告在持续关注国际电力、石油、天然气与煤炭价格水平及变动趋势的基础上，以提供具有公信力的能源及电力价格数据和科学客观的分析为目标，力求内容系统实用，并做了以下调整：一是加大了国内外主要国家、地区能源与电力价格分析部分比重，为读者提供更加翔实的信息资料；二是结合我国能源尤其是电力工业发展情况，对国外电力工业发展及市场改革过程中的关键问题进行了专题分析。

本报告第 1 章由刘思佳主笔，第 2 章由王椿璞主笔，第 3 章由李红军主笔，第 4 章由周树鹏主笔，第 5 章由许钊、孙启星、周树鹏、张超主笔，全书由周树鹏统稿，尤培培校核。

在本报告的编写过程中，得到了能源、价格领域多位专家的悉心指导，在此表示衷心感谢！

限于作者水平，虽然对书稿进行了反复研究推敲，但难免仍会存在疏漏与不足之处，恳请读者谅解并批评指正！

编著者

2019 年 10 月

目　录
CONTENTS

概　　述

2018 年[1]，世界经济温和增长，世界能源需求稳步增加，一次能源消费量增长率接近 3%，石油、煤炭等价格总体呈上涨趋势。石油方面，在美国石油产量增长的驱动下，全球产量增速约为消费量增速的二倍，国际原油价格在 2017 年基础上进一步上涨。天然气方面，全球产量及消费量增长迅速，增速超过 5%，国际天然气市场价格整体保持平稳。煤炭方面，继 2017 年消费量回升后，2018 年消费量进一步增长，国内外煤炭市场价格呈现上行趋势。电力方面，中国、印度电力消费增速明显高于世界平均水平，受能源产业政策变动和电源结构调整等因素影响，大多数国家上网电价出现上涨，低碳化、清洁化成为电力发展的重要趋势。

近年来，我国能源消费持续增长，市场化程度较高的煤炭、原油价格基本与国际价格接轨，天然气和电力市场化改革正稳步推进。2018 年，我国汽油和柴油含税价格在国际上均处于较低水平；工业天然气价格在国际上处于较高水平，民用天然气价格处于较低水平；电煤价格在国际上处于较高水平；上网电价在国际上处于中等水平，输配电价和销售电价总体处于较低水平，工业电价处于中等水平，居民电价处于较低水平，工业电价补贴居民和农业用电价格的程度较重。报告的主要结论和观点如下：

（一）石油价格

国际原油价格在 2016 年触底后，2017 年起开始明显回升，2018 年均价已明显高于 2015 年年均水平。2018 年国际原油价格整体上呈倒 V 形态，1 月到 10 月初，国际油价大幅上涨，10 月 3 日 Brent 原油价格最高涨至 86.74 美元/桶，出现了年内 30%的最高涨幅。**10 月之后国际原油价格暴跌**，2018 年 10 月 3 日至 11 月 23 日的 50 天时间里，石油价格跌去了近 1/3，抹去了年内全部涨幅。10 月之前，油价一路攀升主要受到两方面的支撑，一是 OPEC 超高的减产

[1] 本报告基于可获得的参考资料，将大部分数据更新到 2018 年，仅少部分数据更新到 2017 年，为保证数据的时效性，本报告就数据更新的年限不做统一。

执行力，二是美国对伊朗等国的石油制裁。然而，随着美债利率跳升并引发美股调整，全球市场避险情绪升温，同时市场开始下调原油需求预期，进而美国对伊朗“禁油令”予以多国豁免，沙特阿拉伯、俄罗斯等产油大国产量上升，市场对供过于求担忧重燃，油价开启暴跌模式。尽管12月的OPEC+会议上达成减产协议，依然没能挽救油价颓势。年末WTI和Brent原油价格分别收报48.7美元/桶和53.8美元/桶。

2018年，我国原油国际依存度进一步提高，汽油和柴油含税价格在国际上均处于较低水平。2018年，我国汽油不含税价格（0.74美元/L）和含税价格（1.16美元/L）分别在所列的34个国家中排在第11位和倒数第5位；柴油不含税价格（0.65美元/L）和含税价格（0.99美元/L）分别在所列的34个国家中均排在倒数第2位和倒数第4位；成品油税费比例（汽油，36.2%；柴油，34.3%）低于大部分国家。我国2017—2018年先后进行了42次调整，2018年汽油和柴油出厂价分别为增长了14.4%和16.3%，基本与国际成品油价格水平同步。

2019—2020年，预计国际油价具有极大的不确定性，油价持续在高位的预期较渺茫。从全球经济形势和原油供需基本面看，全球经济面临着新挑战，中美贸易摩擦、英国脱欧、地缘政治风险再燃等将使全球经济增长蒙上阴影。美国打破原油全球供给格局，一跃成为世界第一原油产出国；俄罗斯迫于油价下挫压力，将参与石油定价角逐；当前，世界原油供给格局呈现“三足鼎立”之势，美国、俄罗斯、沙特阿拉伯原油日产量都在一千万桶以上。全球经济增长下行，贸易保护主义抬头致使贸易摩擦不断，世界主要经济体间的博弈将对全球经济产生一定影响，原油需求整体呈现下降走势。

（二）天然气价格

2018年，国际天然气市场价格呈现较为明显的上涨趋势，但区域差异较大。北美市场，以美国天然气进口价格为例，2018年美国天然气进口价格呈现出较强的季节性波动特征，高峰期价格为4.11美元/mcf，低谷期为2.00美元/

mcf，峰谷价格比达到 2.06。欧洲市场，以俄罗斯天然气出口价格为例，2018 年天然气价格上涨明显，由年初的 198.4 美元/（10^3m^3）增长到年末的 246.9 美元/（10^3m^3），增幅达到 24.4%，月均增长率达到 2.0%。亚洲市场，以日本天然气进口价格为例，受到国际原油价格回升和中国 LNG 需求量增长的影响，2018 年日本进口 LNG 价格一路飙升，由年初的 9.34 美元/MMBtu 上涨到年末的 12.00 美元/MMBtu，涨幅达到 28.5%，月均增长率 2.3%。

2018 年，分用气类型来看，在可获得数据的国家中，工业用天然气价格变化趋势地区间差异较大。受供给量增大影响，北美天然气市场工业用天然气价格保持低位。欧洲国家工业用天然气价格结束多年下降趋势，2018 年价格上涨明显。亚太地区国家天然气价格逐步走低，但"亚洲溢价"现象依然较为突出。**2018 年，大部分国家（地区）居民用天然气价格呈现上涨趋势，但不同地区间价格差异依然较为大**。北美地区由于充分的市场竞争和受到页岩气技术革新的影响，价格一直保持低位。中国居民用天然气价格 2016 年增长较快，之后保持了较为平缓的上升，2018 年同比上涨 1.6%。

2018 年，中国工业天然气价格在世界上仍处于较高水平，民用天然气价格处于较低水平。中国工业用天然气含税价格在所列 30 个国家中排在第 4 位，居民用天然气含税和不含税价格在所列 30 个国家中均排在第 26 位。**同时，中国工业用气价格与居民用气价格差距有所缩小**。2014—2018 年，中国工业用气价格呈现稳步下降趋势，年均增长率-1.9%；居民用气价格持续上涨，年均增长率为 4.3%。

2019—2020 年，预计全球天然气价格将整体走低，不同区域间将出现分化。受美国页岩气技术革新的影响，天然气供给大幅增加，对价格造成较大压制；全球经济增长放缓，也间接抑制了天然气价格上涨；同时，中美贸易战的持续发酵，也为天然气价格走势带来了较大的不确定因素。综合来看，北美地区天然气价格预计将维持低位，欧洲天然气价格显著下降，亚太天然气价格高位震荡、略有降低。

（三）煤炭价格

2018年，国内外煤炭市场价格呈现高位震荡的态势。2018年，亚太地区煤炭市场价格主要受中国煤炭市场进口需求波动、季节性气候变化、汇率波动调整、价格与欧洲市场联动等因素影响，表现为前期波动上行，后期回落的走势，澳大利亚纽卡斯尔港动力煤现货价格全年降低4.9美元/t左右；大西洋地区主要受季节性气候变化、部分港口和铁路运力受限、新能源发电量波动、国际汇率调整以及亚太市场价格传导等因素影响，煤炭价格震荡较为明显，年内略有降低，南非理查德港动力煤现货价格和欧洲三港动力煤现货价格，全年分别下降3.4美元/t和8.9美元/t；国内煤炭市场，受季节性气候变化、长协煤合同价格机制落实、产地环保安监、进口煤炭政策调整等影响，全国市场交易煤价格，全年上涨10.2元/t；全国电煤价格指数，全年下降26.9元/t。

2018年，我国进口煤炭28 123万t，平均进口价格为86.3美元/t，同比增长3.2%。2018年，我国环渤海煤炭价格除3、4月外，均低于澳大利亚纽卡斯尔港动力煤现货价格，8月倒挂达175.6元/t。

2019—2020年，预计我国煤炭市场价格将维持基本稳定，并随季节性供需形势变化，呈现小幅波动。煤炭市场供需保持总体平衡，其中煤炭中长期合同作为一项长期政策，对维护合理稳定的煤炭价格具有重要意义。同时，随着促进优质产能释放、提升煤炭运输能力等措施的落实，国内煤价变化幅度或难以出现大涨大跌的态势，预计2019—2020年，热值5500kcal（1cal＝4.1868J）的动力煤价格可稳定在500～600元/t区间，随季节性变化对供需形势的影响，淡旺季或将形成小幅震荡波动。

（四）电力价格

我国上网电价高于部分欧洲国家，低于韩国、澳大利亚、美国。2018年，我国上网电价平均水平为0.058美元/（kW·h），与部分国家或地区（北欧、美国、澳大利亚、韩国）的上网电价（或批发电价）［0.049～0.087美元/（kW·h）］相比较，处于中等水平。中国、韩国、澳大利亚、美国、德国主要依靠化石燃料发电，但由于德国可再生能源发展迅速，同时德国电力市场引入了负电价机制，其上网电价水平较低。在部分可再生能源发展迅速、占比大的国家，其电力市场批发价格相对较低。2014—2018 年，我国上网电价以年均 2.2%的速度下降。除中美外，韩国、澳大利亚及欧洲国家上网电价上升，受到碳排放价格上涨影响，德国、挪威、丹麦等国市场批发电价年均涨幅超过 5%，其中挪威涨幅最大。

我国输配电价低于欧美国家。2018 年，我国的输配电价［0.032 美元/（kW•h)］，低于法国、德国等欧美国家［0.033～0.070 美元/（kW•h)］。输配电价占销售电价比重，我国为 32.5%，在可获得数据的 19 个国家（10.9%～39.4%）中位于中等水平。在经历 2014—2016 年输配电价上涨后，2017 年，由于我国基本完成输配电价改革，输配电价下降，2018 年，为降低一般工商业电价，我国针对输配电环节采取了临时性降低输配电价和降低电力行业增值税措施，输配电价进一步降低。欧洲大部分国家为支撑大范围电力交易和资源优化配置，加快建设跨国电网以及国内电网，造成输配电价上涨。由于电网改造和建设投资的增加，美国近十年来输配电价及其在总费用中的占比稳步提高。

我国销售电价水平在国际上处于较低水平。2018 年，美国、中国、新西兰、韩国、南非等国家的各类用户平均销售电价比较，中国［0.095 美元/（kW•h)］较低，仅高于南非。可获得数据的国家（地区）工业电价水平为 0.053～0.174 美元/（kW•h)，其中税费占比为 0.7%～48.3%，居民电价为 0.062～0.441 美元/（kW•h)，其中税费占比为 4.8%～70.3%，中国的工业、居民电价分别为 0.095、0.080 美元/（kW•h)，其中工业电价处于中等水平，居民电价在 34 个国家中仅高于墨西哥，税费占比也处于中下等水平。2014—2018 年，**我国销售电价小幅下降**。32 个国家工业电价年均增长率为-4.8%～14.5%，中国为-2.6%；34 个国家居民电价年均增长率为-3.9%～10.0%，中国为-1.3%。

我国居民与工业电价比价低于发达国家。2018 年，德国、美国、英国、法国等32个国家（地区）的居民电价与工业电价比价平均约1.88，仅我国及墨西哥低于1，其中我国为0.85，表明我国工业用户对居民用户的交叉补贴程度较重。考虑到我国的居民用电量占比逐年增加，在交叉补贴额度不变的情况下，一般工商业及大工业提供的交叉补贴来源将越来越少。

2019—2020年，预计我国销售电价将有一定幅度的下降。由于我国电力供过于求的情况短期内不会改变，随着两次降低一般工商业电价完成及第二轮电网成本监审的开展，在降低用能成本的大背景下，我国平均销售电价将继续下降。

（五）能源价格专题分析

（1）核电上网电价国际经验及启示。通过对核电价格国际经验的梳理并总结对我国核电未来价格机制的建议，将有助于核电定价机制适应电力市场化改革，整个产业实现可持续发展。主要启示和建议如下：第一，由于核电具有初始投资较大、固定成本较多的特点，绝大多数国家通过价格机制，保证稳定的收益水平，促进核电的稳定发展，我国核电的价格机制也应以保证稳定收益为主。第二，在价格机制之外，各国通过税收政策、碳排放政策以及贴息政策等政策性优惠保证核电产业的持续发展。第三，市场电价和管制电价本身并无倾向性好坏，未来应结合市场化改革进展，调整核电价格机制，适应市场化特性。

（2）国外发电充裕度保障机制分析及启示。重点对美国PJM和加拿大安大略省容量市场中的需求曲线确定、容量市场清算机制进行分析，主要启示如下：第一，在电能量市场长期运行的情况下，需考虑电力系统发电容量充裕度问题，通过建立有效机制保证发电容量裕度，可提高电力系统安全性。第二，容量市场建立后可起到弥补发电商部分固定成本和通过价格信号引导电力容量发展的作用。第三，建立容量市场有助于反映电力市场真实成本，提升电能量市场发电侧报价的合理性，促使发电商按边际成本报价。

（3）美国加州用户侧储能激励政策及启示。分析了美国加州用户侧储能发展现状及为促进用户储能发展所制定的一系列政策，主要政策包括自发电激励计划、投资税收减免和净电量结算机制，主要启示和建议如下：第一，用户侧储能的发展离不开国家政策支持，应将用户侧储能纳入现有的价格机制之中。在现有的价格机制中可针对储能特性进行部分修补或调整，以稳定储能收入预期，促进储能产业的良性发展。第二，随着储能技术进步及经济性的提高，补贴应逐步降低直至取消。

(4) 国外电网投资激励机制分析及启示。目前我国电网正处于高速发展期，电网需保持一定的投资规模，本专题重点对英国、美国和澳大利亚电网投资激励机制进行分析，主要启示如下：第一，应坚持事前定价机制，该机制有助于监管部门掌握电网投资细节和制定详细的不确定调整机制。第二，应根据需要实施类型多样的激励机制及投资调整机制。第三，要建立系统科学的投资监管制度，对于投资监管，在充分收集企业信息的基础上，也要注重消费者的参与。第四，预测技术要与不确定机制相互配合，可以根据投资分类审核目录中的预测参数建立计划外投资的调整动因。

1

石油价格分析

1.1 石油的生产与消费

1.1.1 世界及主要国家石油生产和消费

2018 年，世界石油总生产量和消费量分别为 94 718 千桶/d 和 99 843 千桶/d，同比增长分别为 2.4%和 1.5%。石油生产量占世界总生产量比例最高的是美国，受页岩油产量增加影响，2018 年美国石油产量大幅增加，较 2017 年增长约 17%；中国石油产量占比为 4.0%，较 2017 年下降 0.2 个百分点，位居世界第八；委内瑞拉受美国制裁影响，石油产量发生大幅下降，较 2017 年减少 27.8%。石油消费量占世界总消费量比例最高的是美国，中国位居世界第二，具体见图 1-1 和图 1-2。

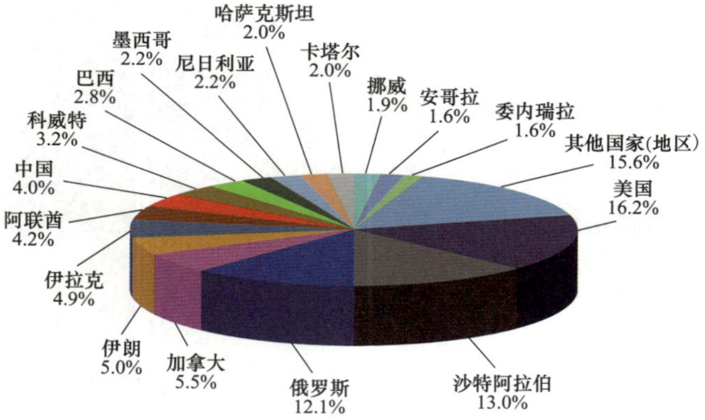

图 1-1　2018 主要产油国家石油生产量占世界总生产量的比例

资料来源：《BP 世界能源统计 2019》。

2014—2018 年，世界石油总生产量和消费量呈上升态势，年均增长率分别为 0.9%和 1.7%。2014—2018 年，中国石油产量年均增长-3.1%，其中 2015 年产量达到近五年最高点，此后产量逐年下跌；石油消费量年均增长 4.7%，增速处于世界较高水平。

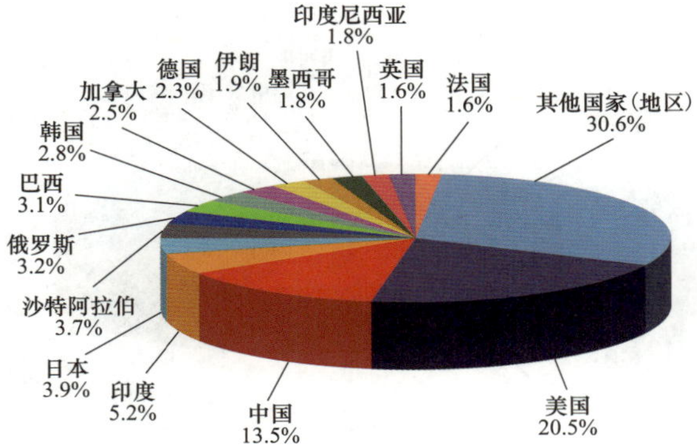

图 1 - 2　2018 年主要国家石油消费量占世界总消费量的比例

资料来源：《BP 世界能源统计 2019》。

1.1.2　世界及主要国家石油贸易

2018 年，世界石油贸易量为 71 344 千桶/d，同比增长 2.5%，比 2017 年增长率少 2.2 个百分点。**石油进口量方面，中国 2018 年同比增长 7.8%，为进口量占比最高的国家**，占比为 15.5%；美国石油进口量同比增长率由 2017 年的 0.9% 下降到 2018 年的- 2.2%，进口量占比为位居世界第二。石油出口量占比最高的地区是中东，为 34.6%，其中沙特阿拉伯占比 12.0%；俄罗斯出口量占比为 12.8%；美国石油出口量增长率最高，为 21.7%。具体见图 1 - 3 和图 1 - 4。

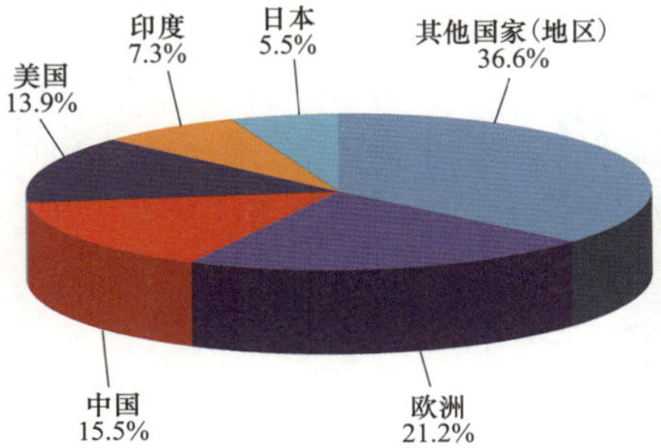

图 1 - 3　2018 年主要国家（地区）石油进口量占世界总进口量的比例

资料来源：《BP 世界能源统计 2019》。

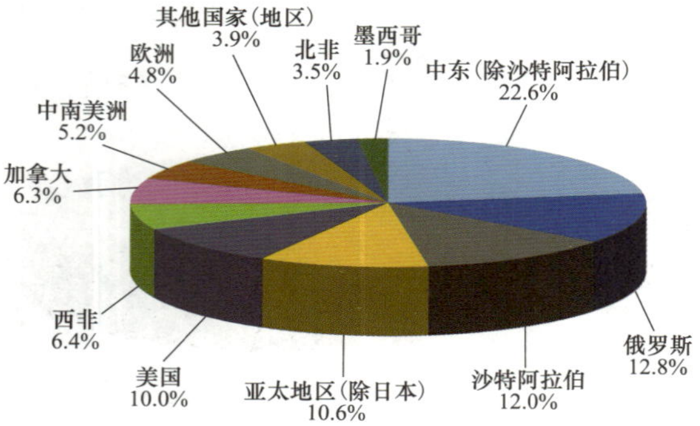

图 1-4　2018 年主要国家（地区）石油出口量占世界总出口量的比例

资料来源：《BP 世界能源统计 2019》。

2014—2018 年，世界石油贸易量总体上呈现逐年上升态势，年均增长 4.7%。世界上大部分国家（地区）的石油进口量和出口量均呈上升趋势。中国石油进口量 2014—2018 年间年均增长率为 10.5%，增长速度较快。美国石油出口量 2014—2018 年间年均增长率为 15.3%，增长率最高。

2014—2018 年世界主要石油进口国中，石油对外依存度，美国逐年下降，2018 年已低至 14%；中国逐年上升，2018 年高达 72%，对外依存度提高使得我国油价与国际油价关系更为密切。

1.2　原油价格分析

1.2.1　原油期货价格

在世界原油交易体系中，纽约商业交易所（NYMEX）的西得克萨斯中质原油（WTI）期货价格和伦敦国际石油交易所（IPE）的布伦特原油（Brent）期货价格分别代表北美和欧洲两个不同石油市场的基准价格。2014—2018 年原油期货价格及变化趋势如图 1-5 所示。

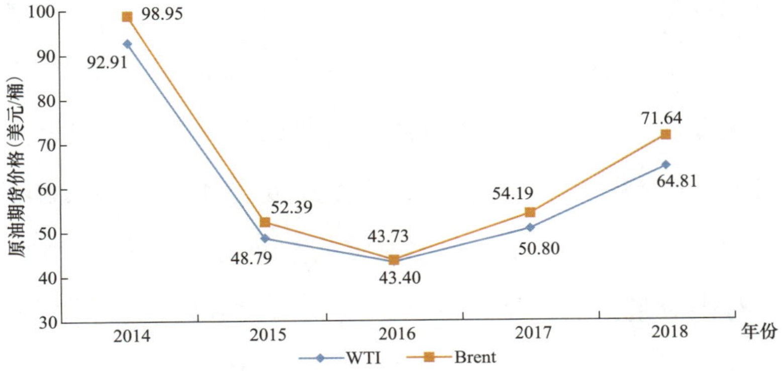

图 1-5　2014—2018 年原油期货价格变化趋势

资料来源：WTI 来源 https：//www.eia.gov/，Brent 来源 Wind 数据库。

2014—2018 年原油期货价格先降后升，2016 年价格触底反弹，五年间 WTI 和 Brent 原油期货价格年均增长率分别为-8.6%和-7.8%。2014 年随着全球经济的逐步复苏，原油期货价格进入相对稳定期，整体略有下降；2015 年下降幅度较大，WTI 和 Brent 原油期货价格下降幅度分别为 47.5%和 46.1%；2016 年价格平稳降低；2017、2018 年价格上升明显，其中 2018 年分别同比增长 27.6%和 32.2%

2018 年，1—10 月原油减产、地缘政治风险促使油价持续上涨。1 月，受 OPEC 执行减产协议和委内瑞拉原油产量大幅下降影响，原油价格普遍上涨，Brent 油价一度上涨 6%至 70 美元。2 月，随着原油价格上涨，美国页岩油产量增加，此外受美国股市暴跌影响，国际原油价格下跌。3 月，OPEC 执行减产协议导致原油市场供应收紧引起原油价格上涨，此外，地缘政治风险也是原油价格上涨的另一重要因素，3 月下旬，美国总统特朗普暗示重启伊朗制裁，油价再度上涨至 70 美元。4 月，国际原油库存不断下降，国际经济形势转好促进原油消费国需求增加，原油价格上涨，此外，叙利亚局势紧张和美伊关系变化也助推油价上涨。5 月，美国重启伊核制裁，要求买家在 180 天内显著减少伊朗原油购买，油价上涨，同时委内瑞拉国内经济衰退导致石油产量大幅下降，市场担忧供需缺口拉大。5 月下旬，油价一度被推升至 80 美元，随后因为需求疲软小幅回落。6 月，美国总统特朗普施压沙特阿拉伯在 6 月 22 号 OPEC 会议上承诺增产 100 万桶/天，OPEC 和包括俄罗斯在内的产油国同意增产但并未明确具体增产幅度，此外，中美贸易紧张局势升级增加了原油市场的不确定性。7 月，主要产油国原油供应增加，利比亚宣布已恢复东部地区的原油出口，暂时缓解了市场对供应紧张的担忧，此外，贸易争端升级造成经济增长减速，亚洲国家原油需求放缓，国际原油需求下降。8 月，伊朗等产油国原油产量下降，油价出现反弹。9 月，受美国制裁影响，伊朗石油出口受到影响，其原油出口量降幅远超市场预期，油价连续上涨，**10 月 3 日最高涨至 86.74 美元，出现了年内 30%的最高涨幅**。

2018 年 10 月 3 日至 11 月 23 日的 50 天时间里，石油价格跌去了近 1/3，抹去了年内全部涨幅。10 月 3 日，美联储主席鲍威尔讲话表示美国经济表现“相当正面”，美联储需要循序渐进地由超低利率转向中性利率，美债利率跳升并引发了美股调整，全球市场避险情绪升温，同时市场开始下调明年原油需求预期，油价开始了第一轮下跌。10 月 14 日，沙特阿拉伯记者事件发酵引发了油价第二轮下跌。同时，美国原油库存累积，库存创 2018 年最高水平，油价再次失守 80 美元。10 月 30 日，伊朗制裁豁免的消息开始发酵，至 11 月 7 日，油价开启第三轮下跌。11 月 16 日，伊朗原油进口豁免消息公布落地，利空出尽，油价在 66～67 美元短暂企稳。随后 EIA 公布了当周的数据，美国原油产量大幅跳升，库存重回累库，同时 EIA 发布 2019 年展望，预计 2019 年美国原油产量增至 12.1mbd，市场担忧供给过剩，开始了第四轮大跌。11 月 23 日，Brent 油价最终跌破 60 美元。**短短一个月时间内，油价跌幅超过 30%，创下 3 年来最大跌幅**。具体如图 1－6 所示。

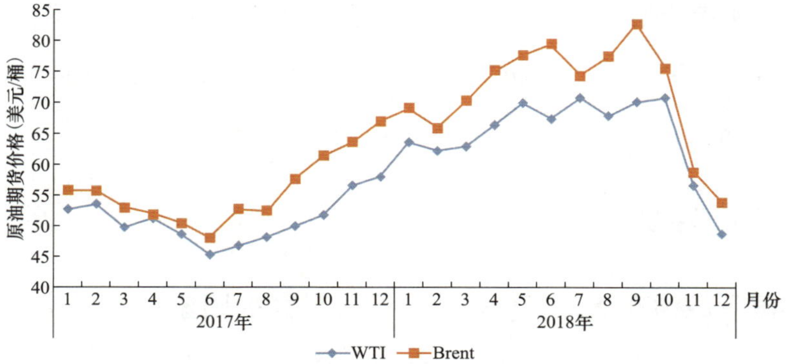

图 1-6 2017 年 1 月—2018 年 12 月原油期货价格变化趋势

1.2.2 国际原油现货价格

2014—2018 年国际原油现货价格及变化趋势如表 1-1 和图 1-7 所示。

表 1-1 2014—2018 年国际原油现货价格 美元/桶

国际原油	2014 年	2015 年	2016 年	2017 年	2018 年	年均增长率（%）	2018 年同比增长（%）
迪拜原油	97.07	51.20	41.19	53.13	69.51	−8.0	30.8
布伦特原油	98.95	52.39	43.73	54.19	71.31	−7.9	31.6
尼日利亚福卡多斯原油	101.35	54.41	44.54	54.31	72.47	−8.0	33.4
西得克萨斯中质原油	93.28	48.71	43.34	50.79	65.20	−8.6	28.4

资料来源：《BP 世界能源统计 2019》。

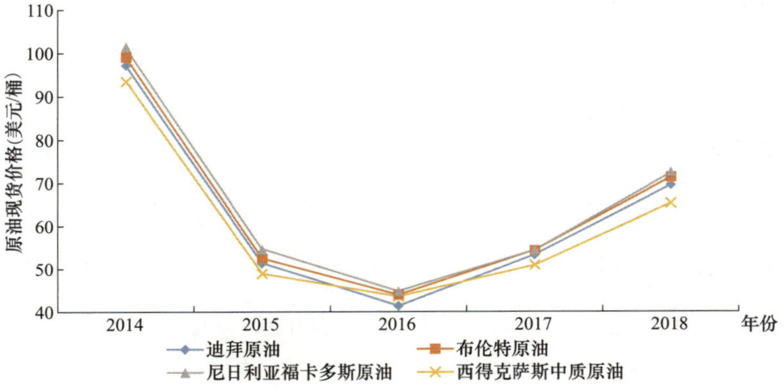

图 1-7 2014—2018 年原油现货价格变化趋势

国际原油现货价格自 2014 年开始下降；2015 年下降幅度增大，同比降低 46.3%～47.8%；2016 年下降幅度减缓；2017、2018 年价格回升，其中 2018 年同比增长 28.4%～33.4%。

1.2.3 国际原油离岸价格

2018 年国际原油现货离岸价格（FOB）最高的国家是安哥拉，最低的是委内瑞拉，部分国家（地区）原油现货离岸价格见表 1-2。

表 1-2 2014—2018 年部分国家（地区）原油现货离岸价格（FOB） 美元/桶

国家（地区）		2014 年	2015 年	2016 年	2017 年	2018 年	年均增长率（%）
地区	平均	85.65	41.91	36.37	45.58	56.31	-10.0
	波斯湾	94.03	46.95	38.76	50.16	66.55	-8.3
	OPEC 国家	89.76	43.25	38.51	49.55	65.61	-7.5
	非 OPEC 国家	82.95	41.19	34.81	43.30	51.41	-11.3
国家	尼日利亚	w	w	46.20	54.77	71.41	—
	安哥拉	w	w	42.68	w	74.44	—
	沙特阿拉伯	95.60	47.53	39.30	51.30	68.23	-8.1
	墨西哥	86.55	44.90	36.22	48.34	62.75	-7.7
	哥伦比亚	80.75	47.52	35.28	46.66	62.51	-6.2
	委内瑞拉	84.51	41.73	34.71	45.60	61.25	-7.7

资料来源：https：//www.eia.gov/，EIA。
注 w 表示为了避免个别公司数据披露而隐瞒。

2014—2018 年国际原油现货离岸价年均增长率为-10.0%，OPEC 国家和非 OPEC 国家年均增长率分别为-7.5%和-11.3%。2014—2016 年国际原油现货离岸价格持续下跌，2017 年开始回升，2018 年增长率为 23.5%，如图 1-8 所示。

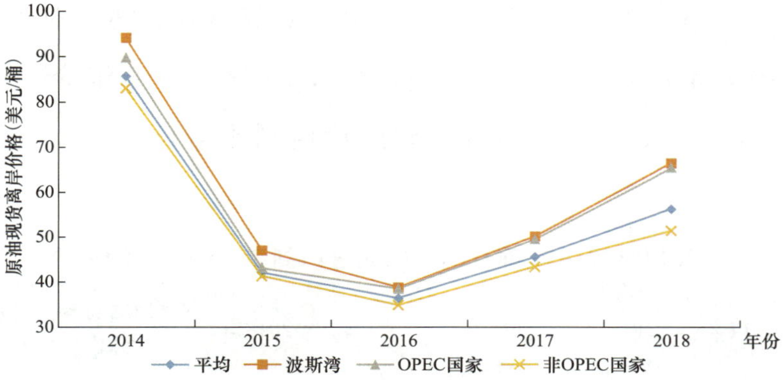

图 1－8　2014—2018 年原油现货离岸价格变化趋势

1.2.4 原油到岸价格

2018 年，各国原油进口到岸平均价格为 70.77 美元/桶，中国原油进口到岸价格与各国原油进口到岸平均价格基本相当。2018 年部分国家原油进口到岸价格（CIF）及比较见表 1－3。

表 1－3　2018 年部分国家原油进口到岸（CIF）价格　美元/桶

国家	2018 年	国家	2018 年
澳大利亚	76.03	加拿大	70.88
新西兰	75.68	意大利	70.88
日本	72.85	比利时	70.68
英国	72.65	德国	70.5
法国	71.59	荷兰	69.99
韩国	71.56	西班牙	69.02
瑞典	71.49	希腊	68.14
奥地利	71.12	美国	59.19
中国	**70.90**	**平均**	**70.77**

资料来源：1. 国外：《Energy Prices and Taxes，2nd Quarter 2019》，IEA。
2. 中国：Wind 数据库。

注　中国数据根据进口量和进口额计算。

2014—2018 年，部分国家原油进口到岸价格及变化趋势分别如表 1-4 和图 1-9 所示。2015 年各国原油进口到岸价格下降明显，2016 年持续下降，2017、2018 年有所回升。2018 年原油进口到岸价格同比增长率在 22.9%～38.2% 之间。

表 1-4　　2014—2018 年部分国家原油进口到岸（CIF）价格　　本币元/桶

国家	2014 年	2015 年	2016 年	2017 年	2018 年	年均增长率（%）	2018 年同比增长（%）
瑞典	670.57	431.48	362.86	462.15	621.46	-1.9	34.5
英国	60.74	35.25	33.02	42.53	54.49	-2.7	28.1
澳大利亚	118.72	77.06	63.04	74.85	101.73	-3.8	35.9
新西兰	127.79	83.16	64.54	79.13	109.36	-3.8	38.2
加拿大	108.95	68.35	57.73	70.65	91.86	-4.2	30.0
法国	74.95	47.93	39.22	48.19	60.64	-5.2	25.8
比利时	74.26	46.59	37.94	47.01	59.87	-5.2	27.4
意大利	74.71	46.96	38.18	47.05	60.04	-5.3	27.6
希腊	72.04	44.49	36.15	45.07	57.71	-5.4	28.0
西班牙	73.19	44.66	36.15	45.87	58.46	-5.5	27.4
德国	75.22	47.49	38.61	47.83	59.71	-5.6	24.9
荷兰	74.81	46.60	37.54	46.98	59.28	-5.7	26.2
奥地利	78.27	50.08	38.69	48.55	60.24	-6.3	24.1
中国	**618.16**	**339.63**	**273.37**	**353.17**	**469.07**	**-6.7**	**32.8**
韩国	106 606.00	60 251.60	47 601.00	60 384.40	78 755.86	-7.3	30.4
日本	11 025.00	6558.20	4546.75	6093.78	8044.32	-7.6	32.0
美国	89.43	45.83	37.94	48.18	59.19	-9.8	22.9

资料来源：1. 国外数据来源于《Energy Prices and Taxes，2nd Quarter 2019》，IEA。
2. 中国数据来源于海关总署统计月报。

注　中国数据根据每年进口量和进口额计算。

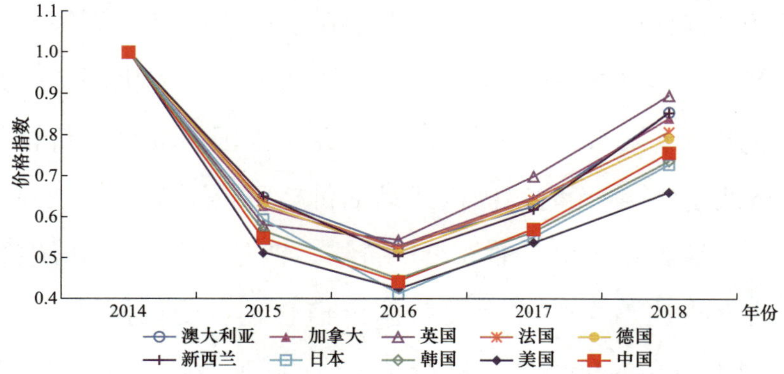

图 1-9　2014—2018 年部分国家原油进口到岸价格变化趋势

1.3　成品油价格分析

1.3.1　中国成品油价格

2014—2016 年中国成品油价格（含税，下同）持续下降，2017 年开始回升，且高于 2015 年水平，2018 年继续上升且增幅扩大。2014—2018 年间汽油和柴油出厂价格年均增长率分别为-1.3%和-1.1%，2018 年汽油和柴油出厂价格比 2017 年分别上升了 14.4%和 16.3%。2014—2018 年中国成品油平均价格及变化趋势如图 1-10 所示。

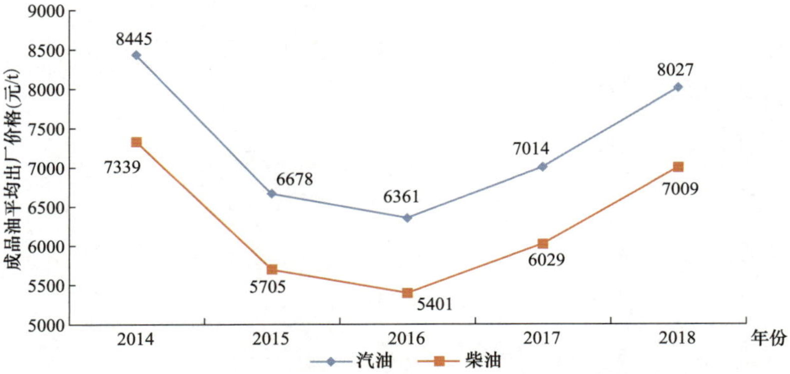

图 1-10　2014—2018 年中国成品油平均出厂价格变化趋势

在 2013 年缩短成品油调价周期、取消调价幅度限制和调整挂靠油种的基础上，2016 年 1 月，国家进一步完善了成品油价格形成机制，一是设定成品油价格调控下限，下限水平定为每桶 40 美元，当国内成品油价格挂靠的国际市场原油价格低于 40 美元时，国内成品油价格不再下调；二是建立油价调控风险准备金；三是放开液化石油气出厂价格；四是简化成品油调价操作方式，由印发成品油价格调整文件改为发布调价信息稿。受国际油价波动的影响，2017—2018 国内成品油价格先后进行了 42 次调整。从 2015 年 1 月起，汽油消费税为 1.52 元/L，柴油消费税为 1.2 元/L，且一直维持不变。2018 年期间，汽油和柴油单价累计降低了 490 元/t 和 465 元/t，但由于降价主要集中在 10 月之后，整体上全年平均价格仍呈上涨趋势，具体如表 1-5 和图 1-11 所示。

表 1-5　2017 年以来中国成品油价格（出厂价）调整情况　元/t

调价时间	汽油		柴油	
	调价后	调整幅度	调价后	调整幅度
2016 年 12 月 29 日	7120	100	6130	95
2017 年 1 月 12 日	7190	70	6200	70
2017 年 1 月 25 日	7120	-70	6130	-70
2017 年 2 月 14 日	7170	50	6180	50
2017 年 3 月 14 日	7085	-85	6095	-85
2017 年 3 月 28 日	6855	-230	5875	-220
2017 年 4 月 12 日	7055	200	6065	190
2017 年 5 月 11 日	6805	-250	5830	-235
2017 年 5 月 25 日	6945	140	5965	135
2017 年 6 月 9 日	6765	-180	5790	-175
2017 年 6 月 23 日	6515	-250	5550	-240
2017 年 7 月 21 日	6590	75	5625	75
2017 年 8 月 4 日	6765	175	5790	165

续表

调价时间	汽 油		柴 油	
	调价后	调整幅度	调价后	调整幅度
2017 年 9 月 15 日	6860	95	5885	95
2017 年 9 月 29 日	7070	210	6080	195
2017 年 11 月 2 日	7220	150	6230	150
2017 年 11 月 16 日	7485	265	6480	250
2017 年 12 月 28 日	7555	70	6550	70
2018 年 1 月 12 日	7735	180	6725	175
2018 年 1 月 26 日	7800	65	6785	60
2018 年 2 月 9 日	7630	－170	6625	－160
2018 年 2 月 28 日	7440	－190	6440	－185
2018 年 3 月 28 日	7610	170	6605	165
2018 年 4 月 12 日	7665	55	6655	50
2018 年 4 月 26 日	7920	255	6900	245
2018 年 4 月 30 日	7845	－75	6835	－65
2018 年 5 月 11 日	8015	170	7000	165
2018 年 5 月 25 日	8275	260	7250	250
2018 年 6 月 8 日	8145	－130	7125	－125
2018 年 6 月 25 日	8090	－55	7070	－55
2018 年 7 月 9 日	8360	270	7330	260
2018 年 7 月 23 日	8235	－125	7210	－120
2018 年 8 月 6 日	8305	70	7280	70
2018 年 8 月 20 日	8255	－50	7230	－50
2018 年 9 月 3 日	8435	180	7400	170
2018 年 9 月 17 日	8580	145	7545	145
2018 年 9 月 30 日	8820	240	7775	230

续表

调价时间	汽　油		柴　油	
	调价后	调整幅度	调价后	调整幅度
2018 年 10 月 19 日	8985	165	7935	160
2018 年 11 月 2 日	8610	－375	7570	－365
2018 年 11 月 16 日	8100	－510	7080	－490
2018 年 11 月 30 日	7560	－540	6560	－520
2018 年 12 月 14 日	7435	－125	6440	－120
2018 年 12 月 28 日	7065	－370	6085	－355

资料来源：国家发展改革委员会相关文件。

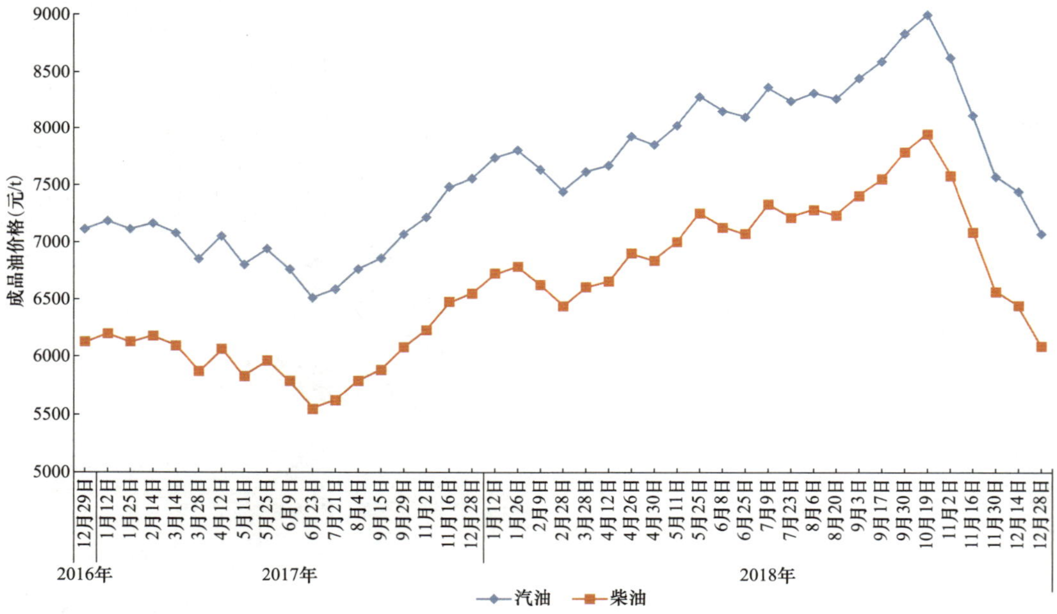

图 1－11　2017 年以来中国成品油价格调整情况

1.3.2　国际成品油价格

（一）汽油价格国际比较

从可获得数据的国家汽油价格水平来看，2018 年，中国汽油含税价格在所列的34个国家中排在倒数第5位，处于较低水平；优质无铅汽油不含税价格水平中国在所列的34个国家中排在第11位，处于平均水平。各国汽油的税价[1]占含税价的比例，欧洲大部分国家在50%以上；亚洲的日本和韩国接近50%；中国为36.2%，在所列国家中高于美国、墨西哥、加拿大和澳大利亚，比上年降低2.8个百分点。2018年部分国家优质无铅汽油含税价格、不含税价格及构成如表1-6、图1-12和图1-13所示。

表1-6 2018年部分国家优质无铅汽油含税价格、不含税价格及税价构成 美元/L

国家	不含税价格	消费税	增值税	含税价格	税价占含税价比例(%)
荷兰	0.66	0.92	0.33	1.91	65.4
挪威	0.75	0.78	0.38	1.91	60.7
意大利	0.69	0.86	0.34	1.89	63.5
希腊	0.68	0.83	0.36	1.87	63.6
丹麦	0.77	0.73	0.37	1.87	58.8
葡萄牙	0.70	0.78	0.34	1.82	61.5
以色列	0.71	0.85	0.26	1.82	61.0
芬兰	0.60	0.83	0.35	1.78	66.3
法国	0.67	0.82	0.29	1.78	62.4
瑞典	0.67	0.74	0.36	1.77	62.1
比利时	0.72	0.72	0.31	1.75	58.9
德国	0.68	0.77	0.28	1.73	60.7
韩国	0.86	0.69	0.16	1.71	49.7
爱尔兰	0.66	0.72	0.32	1.70	61.2
英国	0.62	0.77	0.28	1.67	62.9

[1] 各国汽油的税价主要包括消费税、增值税或商品及服务税等。

续表

国　家	不含税价格	消费税	增值税	含税价格	税价占含税价比例（%）
瑞士	0.78	0.77	0.12	1.67	53.3
斯洛伐克	0.75	0.61	0.26	1.62	53.7
爱沙尼亚	0.65	0.66	0.26	1.57	58.6
斯洛文尼亚	0.62	0.66	0.28	1.56	60.3
新西兰	0.88	0.48	0.20	1.56	43.6
西班牙	0.71	0.54	0.27	1.52	53.3
奥地利	0.66	0.58	0.25	1.49	55.7
捷克	0.63	0.59	0.26	1.48	57.4
卢森堡	0.68	0.55	0.21	1.44	52.8
匈牙利	0.66	0.45	0.31	1.42	53.5
波兰	0.65	0.46	0.26	1.37	52.6
日本	0.74	0.51	0.11	1.36	45.6
土耳其	0.61	0.49	0.20	1.30	53.1
智利	0.66	0.47	0.13	1.26	47.6
中国	**0.74**	**0.23**	**0.19**	**1.16**	**36.2**
澳大利亚	0.75	0.31	0.10	1.16	35.3
加拿大	0.77	0.28	0.05	1.10	30.0
墨西哥	0.87	0.00	0.13	1.00	13.0
美国	0.66	0.11	—	0.81	18.5
平均	**0.70**	**0.60**	**—**	**1.55**	**52.7**

资料来源：《Energy Prices and Taxes，2nd Quarter 2019》，IEA。

注　日本为 91 号汽油，其余国家为 95 号汽油；增值税价格中，澳大利亚、加拿大、新西兰为商品及服务税，日本为消耗税。

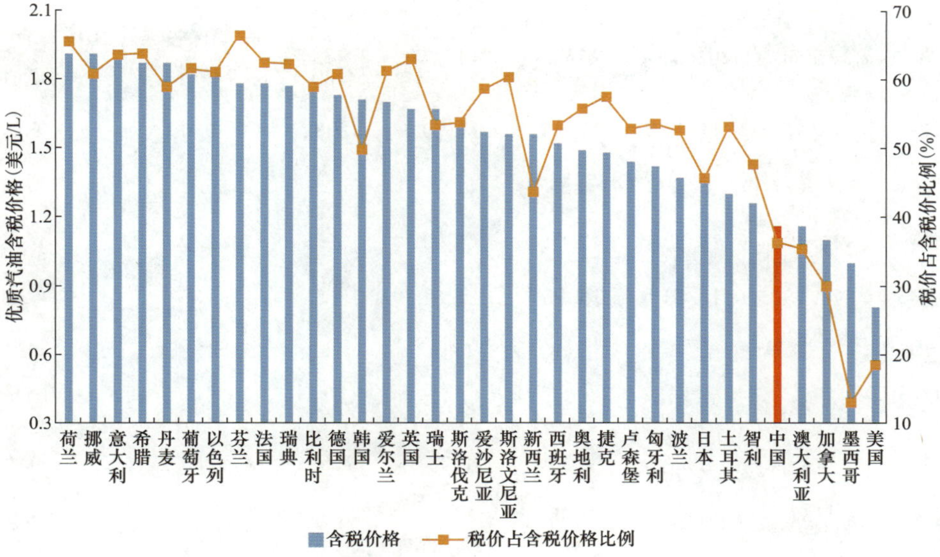

图 1-12　2018 年部分国家优质无铅汽油含税价格比较

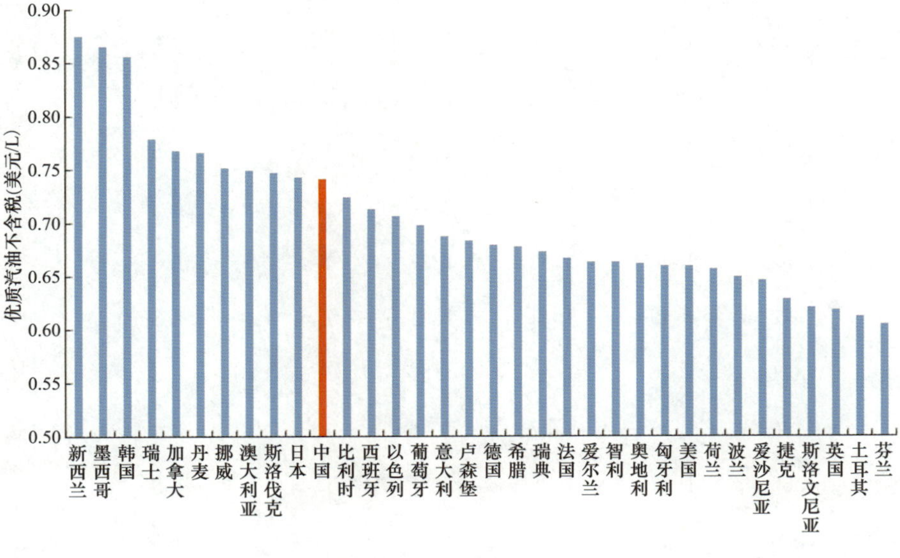

图 1-13　2018 年部分国家优质无铅汽油不含税价格比较

2014—2018 年部分国家优质无铅汽油价格及变化趋势如表 1-7 和图 1-14 所示。

表 1-7　　2014—2018 年部分国家优质无铅汽油价格　　本币元/L

国　家	2014 年	2015 年	2016 年	2017 年	2018 年	年均增长率（%）	2018 年同比增长（%）
墨西哥	13.37	14.10	14.20	17.70	19.32	9.6	9.2
土耳其	4.83	4.51	4.56	5.34	6.29	6.8	17.8
瑞典	14.19	13.22	13.01	13.96	15.38	2.0	10.2
挪威	14.78	13.73	13.55	14.64	15.55	1.3	6.2
爱沙尼亚	1.27	1.10	1.06	1.19	1.33	1.2	11.8
新西兰	2.22	2.10	1.99	2.04	2.25	0.3	10.3
法国	1.49	1.35	1.30	1.38	1.51	0.3	9.4
葡萄牙	1.52	1.43	1.38	1.46	1.54	0.3	5.5
加拿大	1.43	1.20	1.14	1.27	1.42	-0.2	11.8
中国	**7.73**	**6.28**	**6.03**	**6.91**	**7.65**	**-0.3**	**10.7**
英国	1.27	1.11	1.09	1.18	1.25	-0.4	5.9
澳大利亚	1.58	1.40	1.32	1.41	1.55	-0.5	9.9
丹麦	12.09	11.08	10.44	11.16	11.82	-0.6	5.9
希腊	1.63	1.46	1.38	1.50	1.58	-0.8	5.3
卢森堡	1.28	1.17	1.09	1.16	1.22	-1.2	5.2
德国	1.54	1.40	1.30	1.37	1.46	-1.3	6.6
瑞士	1.72	1.49	1.41	1.51	1.63	-1.3	7.9
荷兰	1.71	1.56	1.48	1.55	1.62	-1.3	4.5
芬兰	1.60	1.46	1.37	1.46	1.51	-1.4	3.4
爱尔兰	1.53	1.37	1.28	1.37	1.44	-1.5	5.1
奥地利	1.35	1.20	1.11	1.18	1.27	-1.5	7.6
匈牙利	406.58	357.90	333.43	354.77	382.36	-1.5	7.8
波兰	5.27	4.63	4.36	4.60	4.94	-1.6	7.4
意大利	1.71	1.54	1.44	1.53	1.60	-1.6	4.6

续表

国　家	2014 年	2015 年	2016 年	2017 年	2018 年	年均增长率（%）	2018 年同比增长（%）
斯洛伐克	1.48	1.31	1.23	1.31	1.38	−1.7	5.3
西班牙	1.39	1.23	1.15	1.22	1.29	−1.8	5.7
比利时	1.60	1.43	1.34	1.42	1.48	−1.9	4.2
智利	875.93	751.40	706.90	737.88	805.45	−2.1	9.2
日本	162.90	137.60	120.60	133.45	149.72	−2.1	12.2
斯洛文尼亚	1.45	1.29	1.20	1.27	1.32	−2.3	3.9
捷克	36.12	31.35	28.60	30.31	32.06	−2.9	5.8
以色列	7.47	6.41	6.01	6.13	6.53	−3.3	6.5
韩国	2162.26	1876.14	1757.59	1825.08	1877.46	−3.5	2.9
美国	0.94	0.70	0.63	0.71	0.81	−3.7	14.1

资料来源：《Energy Prices and Taxes，2nd Quarter 2019》，IEA。

注　价格为含税价格。

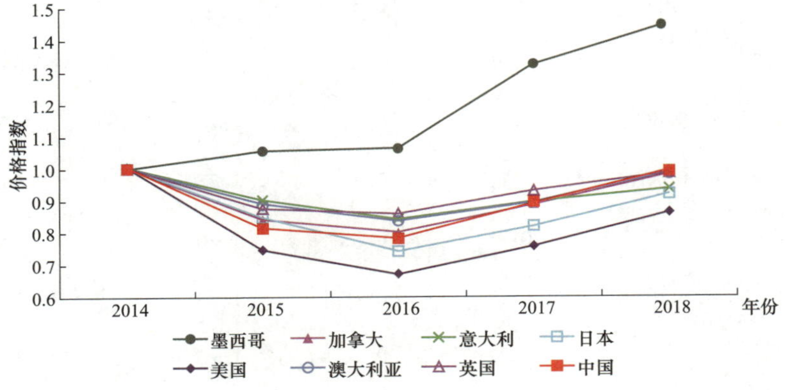

图 1-14　2014—2018 年部分国家优质无铅汽油价格变化趋势

从国际汽油价格走势看，除少数国家优质无铅汽油价格略有上升，2014—2018 年间大部分国家呈下降趋势，年均增长率在−3.7%～9.6%范围内，中国年均增长率为−0.3%，在所列的国家中排在第 10 位。2018 年优质无铅汽油价格与 2017 年相比，各国均有不同程度上升，上升幅度在 2.9%～17.8%范围内。

（二）柴油价格国际比较

从可获得数据的国家柴油价格水平看，2018 年，在所列的 34 个国家中，中国柴油含税价格排名倒数第 4 位，非商业车用柴油不含税价格排名倒数第 2 位。各国柴油的税价占含税价的比例，欧洲大部分国家在 50%以上，美国为 19%，日本为 32.8%，韩国为 46.0%。中国为 34.3%，在所列的国家中高于墨西哥、美国、智利、新西兰、日本和加拿大，比上年降低 2.8 个百分点。2018 年部分国家非商业车用柴油含税价格、不含税价格及构成如表 1-8、图 1-15 和图 1-16 所示。

表 1-8　2018 年部分国家非商业车用柴油含税价格、不含税价格及税价构成

美元/L

国　家	不含税价格	消费税	增值税	含税价格	税价占含税价比例（%）
以色列	0.79	0.81	0.27	1.87	57.80
挪威	0.84	0.62	0.37	1.83	54.10
瑞典	0.84	0.59	0.36	1.79	53.10
瑞士	0.86	0.79	0.13	1.78	51.70
比利时	0.78	0.68	0.32	1.78	56.20
意大利	0.71	0.73	0.32	1.76	59.70
英国	0.67	0.77	0.29	1.73	61.30
法国	0.70	0.72	0.28	1.70	58.80
芬兰	0.70	0.63	0.31	1.64	57.30
丹麦	0.80	0.50	0.32	1.62	50.60
希腊	0.82	0.48	0.32	1.62	49.40
葡萄牙	0.73	0.56	0.38	1.59	54.10
爱尔兰	0.70	0.59	0.29	1.58	55.70

续表

国　家	不含税价格	消费税	增值税	含税价格	税价占含税价比例（%）
荷兰	0.72	0.58	0.28	1.58	54.40
德国	0.75	0.56	0.24	1.55	51.60
爱沙尼亚	0.70	0.58	0.26	1.54	54.50
斯洛文尼亚	0.67	0.57	0.27	1.51	55.60
斯洛伐克	0.80	0.43	0.26	1.49	46.30
匈牙利	0.74	0.42	0.31	1.47	49.70
捷克	0.70	0.5	0.25	1.45	51.70
奥地利	0.72	0.48	0.25	1.45	50.30
西班牙	0.74	0.43	0.25	1.42	47.90
波兰	0.70	0.41	0.25	1.36	48.50
卢森堡	0.71	0.40	0.19	1.30	45.40
韩国	0.68	0.47	0.11	1.26	46.00
土耳其	0.64	0.37	0.19	1.20	46.70
日本	0.78	0.32	0.06	1.16	32.80
澳大利亚	0.71	0.31	0.10	1.12	36.60
加拿大	0.72	0.23	0.04	0.99	27.30
新西兰	0.85	0.02	0.12	0.99	14.10
中国	**0.65**	**0.18**	**0.16**	**0.99**	**34.30**
墨西哥	0.85	0	0.13	0.98	13.30
智利	0.67	0.11	0.13	0.91	26.40
美国	0.68	0.13	—	0.84	19.00
平均	**0.74**	**0.47**	—	**1.44**	**46.20**

资料来源：《Energy Prices and Taxes，2nd Quarter 2019》，IEA。

注　增值税价格中，加拿大、新西兰为商品及服务税价格，日本为消耗税价格。

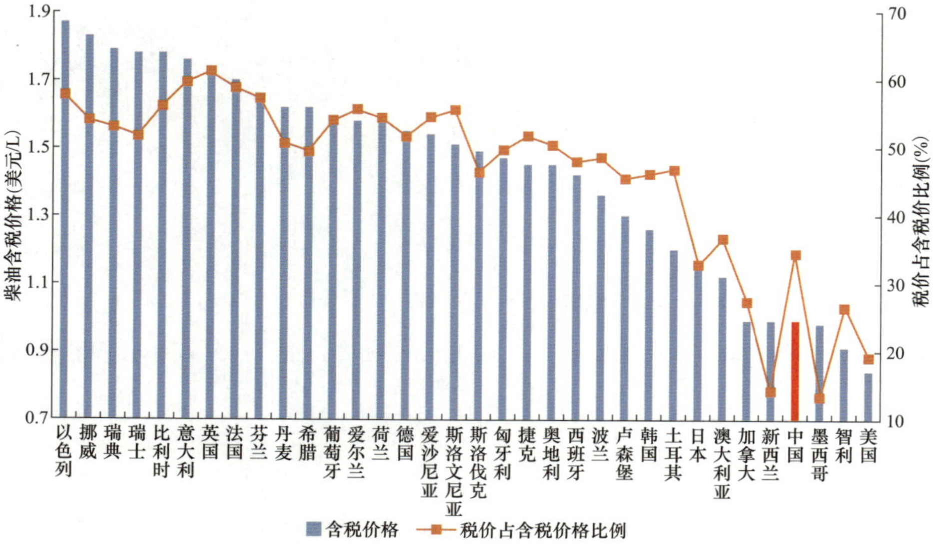

图 1-15　2018 年部分国家非商业车用柴油含税价格比较

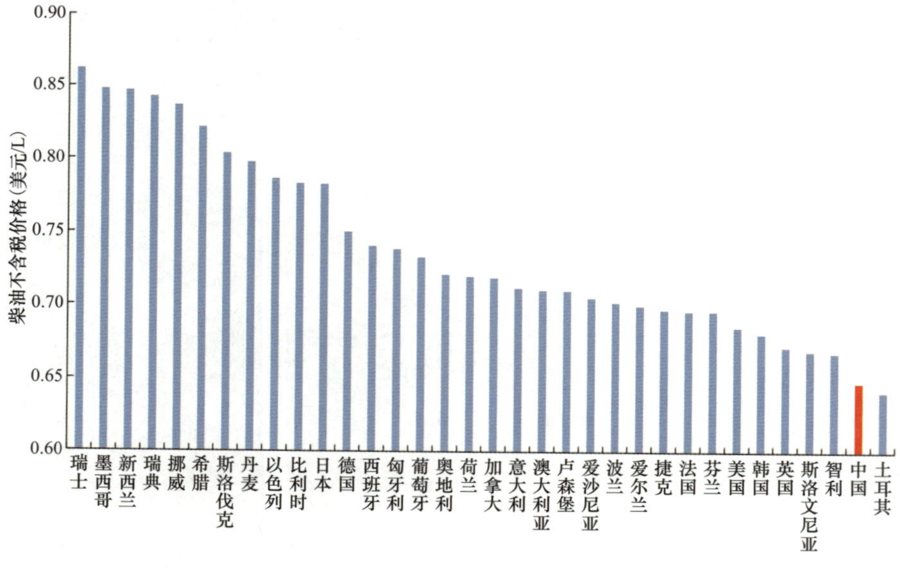

图 1-16　2018 年部分国家非商业车用柴油不含税价格比较

2014—2018 年国际部分国家非商业车用柴油价格及变化趋势如表 1-9 和图 1-17 所示。

表 1-9　　2014—2018 年部分国家非商业车用柴油价格　　本币元/L

国　家	2014 年	2015 年	2016 年	2017 年	2018 年	年均增长率（%）	2018 年同比增长（%）
墨西哥	13.21	14.12	14.01	16.87	18.94	9.4	12.2
土耳其	4.37	3.88	3.87	4.69	5.77	7.2	23.0
挪威	13.10	12.23	11.66	13.49	14.86	3.2	10.2
法国	1.29	1.15	1.10	1.23	1.44	2.7	16.8
瑞典	14.39	13.29	13.30	14.18	15.60	2.0	10.0
比利时	1.42	1.16	1.19	1.33	1.50	1.4	13.3
葡萄牙	1.30	1.19	1.13	1.24	1.34	0.8	8.1
希腊	1.33	1.16	1.06	1.26	1.37	0.8	9.0
爱沙尼亚	1.27	1.08	1.03	1.18	1.31	0.7	10.9
新西兰	1.41	1.14	1.01	1.18	1.43	0.4	21.8
英国	1.33	1.15	1.10	1.20	1.30	−0.6	8.3
澳大利亚	1.55	1.29	1.18	1.30	1.50	−0.9	15.6
加拿大	1.34	1.09	0.98	1.10	1.29	−1.0	16.8
瑞士	1.82	1.55	1.45	1.59	1.74	−1.1	9.9
丹麦	10.70	9.34	8.66	9.28	10.23	−1.1	10.2
匈牙利	415.66	358.00	332.59	357.78	396.72	−1.2	10.9
斯洛文尼亚	1.35	1.18	1.08	1.18	1.28	−1.3	8.6
荷兰	1.41	1.23	1.14	1.22	1.34	−1.4	9.4
波兰	5.20	4.48	4.13	4.44	4.92	−1.4	10.9
奥地利	1.30	1.12	1.03	1.11	1.22	−1.5	10.8
德国	1.40	1.27	1.10	1.18	1.32	−1.5	11.7
卢森堡	1.17	1.02	0.92	1.00	1.10	−1.6	10.5
芬兰	1.48	1.29	1.19	1.29	1.39	−1.6	7.4
爱尔兰	1.45	1.25	1.15	1.25	1.34	−1.9	7.8

续表

国　家	2014 年	2015 年	2016 年	2017 年	2018 年	年均增长率（%）	2018 年同比增长（%）
斯洛伐克	1.36	1.15	1.06	1.15	1.26	-1.9	9.9
意大利	1.61	1.41	1.28	1.38	1.49	-1.9	7.7
中国	**7.08**	**5.60**	**5.21**	**5.96**	**6.53**	**-2.0**	**9.5**
西班牙	1.31	1.12	1.01	1.10	1.20	-2.1	9.2
日本	141.94	117.00	102.00	112.20	128.40	-2.5	14.4
以色列	7.44	6.37	5.79	6.08	6.71	-2.6	10.4
捷克	36.28	31.20	27.38	29.50	31.56	-3.4	7.0
智利	667.65	511.10	432.40	485.97	580.84	-3.4	19.5
韩国	1637.42	1299.67	1182.54	1282.60	1391.90	-4.0	8.5
美国	1.01	0.64	0.61	0.70	0.84	-4.5	20.1

资料来源：《Energy Prices and Taxes，2nd Quarter 2019》，IEA。

注　价格为含税价格。

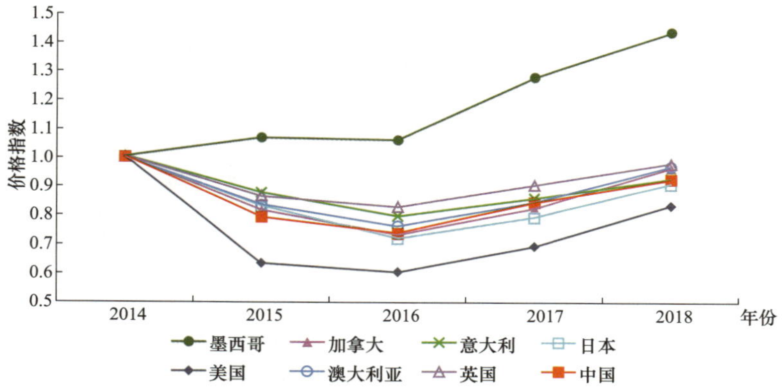

图 1-17　2014—2018 年部分国家非商业车用柴油价格变化趋势

从国际柴油价格走势看，中国年均增长率为-2.0%，在所列国家中排名倒数第 8 位。2018 年非商业车用柴油价格与 2017 年相比，各国家保持上升趋势，中国增长率为 9.5%，在所列国家中排名第 23 位。

1.3.3 国际成品油与原油价格变化趋势的比较

目前，中国原油价格已与国际市场直接接轨，成品油价格与国际市场原油价格有控制地间接接轨，即在国际市场原油价格持续上涨或剧烈波动时，对成品油价格进行适当调控，以减轻对国内市场的影响。

2014—2018 年部分国家优质无铅汽油价格、Brent 原油现货价格及变化趋势如表 1 - 10 和图 1 - 18 所示。

表 1 - 10 部分国家优质无铅汽油价格和国际原油价格变化情况比较

分 类	国家（地区）	2014 年	2015 年	2016 年	2017 年	2018 年	年均增长率（%）
原油（美元/桶）	Brent	98.95	52.39	43.73	54.19	71.31	−7.9
优质汽油（本币元/L）	澳大利亚	1.58	1.40	1.32	1.41	1.55	−0.5
	加拿大	1.43	1.20	1.14	1.27	1.42	−0.2
	德国	1.54	1.40	1.30	1.37	1.46	−1.3
	日本	162.90	137.60	120.60	133.45	149.72	−2.1
	墨西哥	13.37	14.10	14.20	17.70	19.32	9.6
	美国	0.94	0.70	0.63	0.71	0.81	−3.7
	中国	**7.73**	**6.28**	**6.03**	**6.91**	**7.65**	**−0.3**

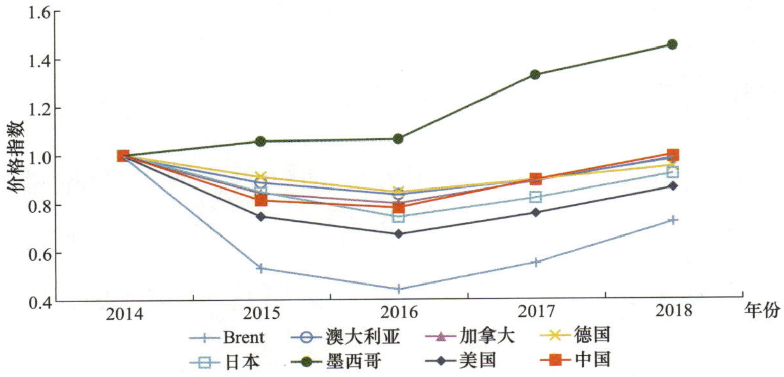

图 1 - 18 部分国家成品油价格与国际原油价格变化趋势

从所选国家优质无铅汽油和 Brent 原油价格走势看，2014—2018 年间部分国家优质无铅汽油价格的年均增长率在-3.7%～9.6%范围内，Brent 原油现货价格的年均增长率为-7.9%。2014—2016 年，除了墨西哥优质无铅汽油的价格逐年上升外，其余国家均呈下降趋势，其中 2015 年下降幅度最大，2016 年价格趋于平稳。2017—2018 年各国优质无铅汽油价格均有不同程度的回升。由此可见，成品油价格基本随着国际原油价格的变化而变化，国际原油价格的下降速度明显高于大部分国家成品油价格的下降速度。

1.4 国际原油价格展望

1.4.1 国际石油市场形势展望

2018 年需求方面，石油需求继续稳步增长，其中中国、印度对石油需求增长贡献较大，2018 年中国、印度石油消费量增速分别为 5.3%和 5.9%。2018 年供给方面，受需求影响，石油供给稳步增长，其中，美国为主要贡献者，受页岩油拉动，2018 年美国原油产量增长率为 16.6%，继续占据第一大产油国地位，原油对外依存度持续下降。2019—2020 年，在贸易摩擦等因素影响下，世界经济增速放缓，石油供过于求的局面将持续，预计 2020 年 WTI 原油均价 55～60美元/桶，Brent 原油均价 60～65 美元/桶。

1.4.2 影响国际油价走势的主要因素

目前看来，全球经济走势、美国致密油（页岩油）产量增减的灵活机动性，以及 OPEC 与非 OPEC 之间达成的减产机制及地缘政治因素将是影响国际油价走势的主要因素，但中美贸易摩擦对全球的经济影响因素也不可忽视。

（1）OPEC 执行减产协议驱动油价上涨。受 OPEC 及俄罗斯等盟友延长减产协议、清除全球供应过剩的影响，未来两年油价可能将继续上涨。但是，OPEC 内部国家情况复杂，伊朗、伊拉克长期以来对减产份额分配存在严重分歧。只要相关国家坚守减产承诺并严格执行减产计划，将驱动油价上涨；相反，协议执行力度不足可能导致国际市场油价的下跌。

（2）美国能源政策及页岩油产量复苏打压原油价格。美国作为全球最大的原油消费国，其国内能源政策及原油产量直接影响国际市场原油价格。美国总统特朗普能源政策强调“能源独立”，要求放松原油开采限制、减少油气租约环保限制、恢复有争议的石油管道建设，上述政策将对国际原油价格造成打压。此外，由于技术效率的提高，美国大部分页岩油地区盈亏平衡价格大幅降低，国际油价上涨势必会导致美国页岩油产量增加从而使国际油价承压。近期，虽然美国页岩油呈现爆炸式上涨的趋势，但不容忽视的是管道运输问题却成为其最大的限制。

（3）美联储加息抑制油价。国际原油一般直接与美元挂钩，美元利率的上调必然导致美元在国际市场中得到买盘的支持，原油会随着美国利率的上调而遭到抛售，油价承压下行。

（4）地缘政治局势造成油价波动。中东地区是国际原油的最主要来源区域，而以中东为代表的世界各地的不稳定局势（美国对伊朗的新一轮制裁，叙利亚、利比亚等国局势的动荡，阿拉伯国家与卡塔尔间的冲突）势必对原油的运输及生产产生影响，造成油价的不稳定。此外，美俄关系、委内瑞拉政局也将影响油价。

（5）中美贸易摩擦进程加大油价波动可能。中美贸易战对于原油价格的影响主要体现在两个方面，一方面中美贸易战会对全球经济产生负面影响，影响全球的经济预期，将影响全球石油需求的增速；另一方面，中国从美国进口原油的步伐受中美贸易谈判结果的影响，中国是亚洲最大原油需求国，而美国总统特朗普意在把美国打造成原油净出口国家，谈判结果将对全球石油贸易格局产生较大影响。

1.5 小结

本章从石油生产消费、原油价格、成品油价格等几个方面进行了系统梳理，并对未来两年国际石油供需形势进行了展望。

石油生产消费方面，中东地区仍为世界主要原油出口地区，我国石油消费量处于美国之后为世界第二，国内原油产量较少，对外依存度较高。原油价格方面，主要受市场供需、地缘政治等因素的影响，近年来国际原油价格处于低位。成品油价格方面，我国 2017 年对成品油价格形成机制进行了进一步完善，基本实现与国际原油价格同步调整。总体来看，市场供需是影响油价的最主要因素，预计未来国际石油价格将呈下降趋势。

2

天然气价格分析

2.1 天然气的生产与消费

2.1.1 世界及主要国家天然气生产和消费

2018 年，世界天然气产量为 3.87 万亿 m^3，同比增加 1901 亿 m^3，增幅为 5.2%。从 2018 年世界天然气产量分布来看，美国与俄罗斯仍拥有世界最大天然气产量，我国天然气产量占世界总产量的 4.2%，与 2017 年天然气产量相比，增幅为 8.2%。世界主要国家中，埃及、澳大利亚、美国三个国家 2018 年产量同比增幅超过了 10%。2014—2018 年，世界天然气总产量稳步增长，年均增长率为 3.0%，2018 年增幅较 2017 年增幅（3.7%）有明显上升。2014—2018 年世界及主要国家天然气生产量见表 2-1。

2014—2018 年世界主要国家天然气生产量变化趋势如图 2-1 所示。

表 2-1　2014—2018 年世界及主要国家天然气生产量　十亿 m^3

世界及主要国家	2014 年	2015 年	2016 年	2017 年	2018 年	年均增长率（%）	2018 年同比增长（%）	2018 年占总量比例（%）
美国	704.7	740.3	729.3	734.5	831.8	4.2	13.2	21.5
俄罗斯	591.2	584.4	589.3	635.6	669.5	3.2	5.3	17.3
伊朗	183.1	191.4	203.2	223.9	239.5	6.9	7.0	6.2
加拿大	159.1	160.9	171.6	176.3	184.7	3.8	4.8	4.8
卡塔尔	169.1	175.2	177.0	175.7	175.5	0.9	−0.1	4.5
中国	**131.2**	**135.7**	**137.9**	**149.2**	**161.5**	**5.3**	**8.2**	**4.2**
澳大利亚	66.6	76.0	96.4	113.5	130.1	18.2	14.6	3.4
挪威	108.0	116.2	115.8	123.2	120.6	2.8	−2.1	3.1
沙特阿拉伯	97.3	99.2	105.3	111.4	112.1	3.6	0.6	2.9
阿尔及利亚	80.2	81.4	91.4	91.2	92.3	3.6	1.2	2.4

续表

世界及主要国家	2014 年	2015 年	2016 年	2017 年	2018 年	年均增长率(%)	2018 年同比增长(%)	2018 年占总量比例(%)
印度尼西亚	76.4	76.2	70.7	68.0	73.2	−1.1	7.6	1.9
马来西亚	72.0	73.9	75.6	78.4	72.5	0.2	−7.5	1.9
阿联酋	52.9	58.7	60.3	62.0	64.7	5.2	4.4	1.7
土库曼斯坦	63.5	65.9	63.2	58.7	61.5	−0.8	4.8	1.6
埃及	47.0	42.6	40.3	48.8	58.6	5.7	20.1	1.5
乌兹别克斯坦	56.3	53.6	53.1	53.4	56.6	0.1	6.0	1.5
尼日利亚	40.0	48.0	46.2	48.1	49.2	5.3	2.3	1.3
英国	37.4	40.7	41.7	41.9	40.6	2.1	−3.1	1.0
阿根廷	34.5	35.5	37.3	37.1	39.4	3.4	6.2	1.0
墨西哥	51.3	47.9	43.7	38.3	37.4	−7.6	−2.3	1.0
泰国	43.6	41.2	40.4	38.7	37.7	−3.6	−2.6	1.0
巴基斯坦	35.0	35.0	34.7	34.7	34.2	−0.6	−1.4	0.9
特立尼达和多巴哥	38.1	36.0	31.3	31.9	34.0	−2.8	6.6	0.9
委内瑞拉	31.8	36.1	37.2	38.6	33.2	1.1	−14.0	0.9
荷兰	60.4	45.9	44.3	38.6	32.3	−14.5	−16.3	0.8
世界合计	**3431.1**	**3501.7**	**3541.7**	**3677.7**	**3867.9**	**3.0**	5.2	**100.0**

资料来源：《BP 世界能源统计 2019》。

注 数据不包括放空燃烧或回收的天然气。

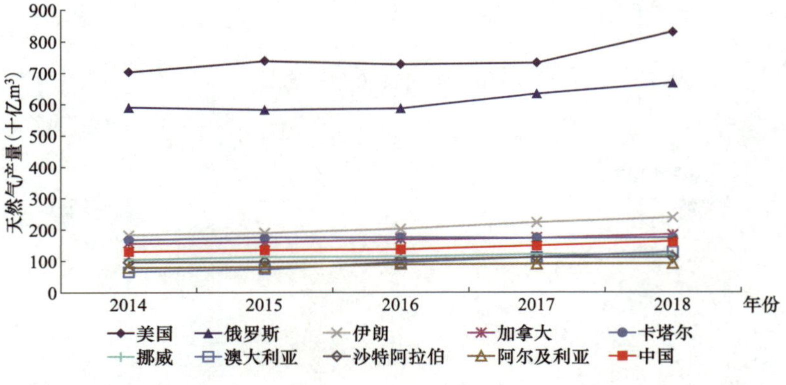

图 2-1 2014—2018 年世界主要国家天然气生产量变化趋势

2018 年世界天然气消费增速 5.3%，增幅远高于去年同期（2.7%）。我国 2018 年天然气消费量 2830 亿 m^3，同比增速 17.7%，在世界主要国家中的增速排名第一。2018 年天然气消费增幅较大（超过 6.0%）的国家中，除美国外，其余国家均分布在亚洲或中东地区（包括北非）。2014—2018 年，世界天然气消费量年均增长率为 3.2%。**从各主要国家天然气消费量占世界天然气总消费的比重来看，2018 年美国依然是天然气消费量最大的国家，其次是俄罗斯**。我国天然气消费量占世界消费量的比重为 7.4%，比 2017 年比重提高 0.9 个百分点。前述三个国家 2018 年天然气消费量达到全球消费量的 40.4%。由于美、俄、中三国天然气消费量的大幅增加（2018 年增速高于过去 5 年的平均增速），导致 2018 年全球天然气消费量增长率远高于去年同期。2014—2018 年世界及主要国家天然气消费量变化趋势如表 2-2 和图 2-2 所示。

表 2-2　2014—2018 年世界及主要国家天然气消费量　十亿 m^3

世界及主要国家	2014 年	2015 年	2016 年	2017 年	2018 年	年均增长率（%）	2018 年同比增长（%）	2018 年占总量比例（%）
美国	722.3	743.6	749.1	739.4	817.1	3.1	10.5	21.2
俄罗斯	422.2	408.7	420.6	431.1	454.5	1.9	5.4	11.8
中国	**188.4**	**194.7**	**209.4**	**240.4**	**283.0**	**10.7**	**17.7**	**7.4**
伊朗	173.4	184.0	196.3	209.9	225.6	6.8	7.4	5.8
日本	124.8	118.7	116.4	117.0	115.7	−1.9	−1.1	3.0
加拿大	109.6	109.8	105.9	109.7	115.7	1.4	5.5	3.0
沙特阿拉伯	97.3	99.2	105.3	109.3	112.1	3.6	2.6	2.9
墨西哥	78.8	80.8	83.0	86.4	89.5	3.2	3.6	2.3
德国	73.9	77.0	84.9	89.7	88.3	4.6	−1.6	2.3
英国	70.1	72.0	81.2	78.8	78.9	3.0	0.1	2.0

续表

世界及主要国家	2014 年	2015 年	2016 年	2017 年	2018 年	年均增长率(%)	2018 年同比增长(%)	2018 年占总量比例(%)
阿联酋	63.4	71.5	72.7	74.4	76.6	4.8	2.9	2.0
意大利	59.0	64.3	67.5	71.6	69.2	4.1	－3.3	1.8
埃及	46.2	46.0	49.4	55.9	59.6	6.6	6.5	1.5
印度	48.5	47.8	50.8	53.7	58.1	4.6	8.1	1.5
韩国	50.0	45.6	47.6	49.8	55.9	2.8	12.4	1.5
泰国	49.9	51.0	50.6	50.1	49.9	0.0	－0.3	1.3
阿根廷	46.2	46.7	48.2	48.3	48.7	1.3	0.8	1.3
土耳其	46.6	46.0	44.5	51.6	47.3	0.4	－8.3	1.2
巴基斯坦	35.0	36.5	38.7	40.7	43.6	5.6	7.0	1.1
法国	37.9	40.8	44.5	44.8	42.7	3.0	－4.6	1.1
阿尔及利亚	36.1	37.9	38.6	38.9	42.7	4.3	9.9	1.1
乌兹别克斯坦	48.5	46.3	43.3	43.1	42.6	－3.2	－1.2	1.1
卡塔尔	38.6	42.5	40.4	43.1	41.9	2.1	－2.8	1.1
澳大利亚	40.1	42.1	41.7	41.2	41.4	0.8	0.4	1.1
马来西亚	44.7	43.9	42.4	41.8	41.3	－2.0	－1.2	1.1
印度尼西亚	41.5	41.0	39.1	38.5	39.0	－1.5	1.1	1.0
巴西	40.7	42.9	37.1	37.6	35.9	－3.1	－4.6	0.9
荷兰	34.5	34.1	35.2	36.1	35.7	0.9	－1.1	0.9
委内瑞拉	34.0	37.0	37.5	38.8	33.4	－0.4	－13.9	0.9
西班牙	27.5	28.5	29.1	31.7	31.5	3.5	－0.8	0.8
世界合计	**3392.6**	**3466.5**	**3550.2**	**3654.0**	**3848.9**	**3.2**	**5.3**	**100.0**

资料来源：《BP 世界能源统计 2019》。

注 数据不包括放空燃烧或回收的天然气。

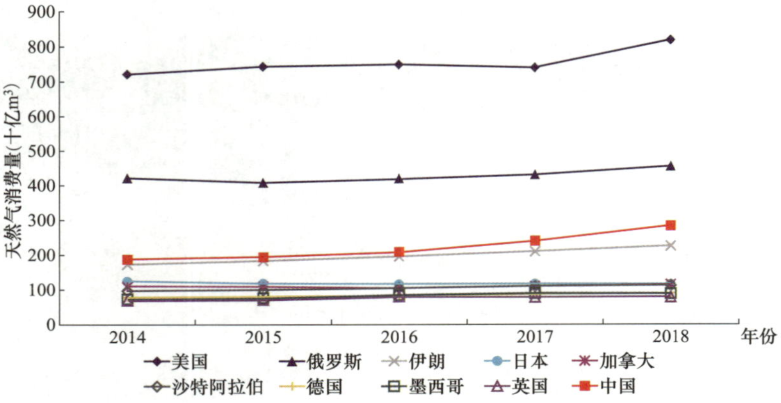

图 2-2　2014—2018 年世界及主要国家天然气消费量变化趋势

2.1.2　天然气贸易

从贸易总量来看，2018 年全球天然气贸易总量达到 1.2 万亿 m^3。其中，液化天然气（LNG）贸易量为 4310 亿 m^3，占比为 34.9%；管道天然气为 8054 亿 m^3，占比为 65.1%，结构与 2017 年基本一致。**从增幅来看，2018 年全球天然气贸易量同比增加 9.0%**，其中，LNG 增幅为 9.6%，管道天然气增幅为 8.7%。管道天然气增幅较 2017 年提高 8 个百分点。

2014—2018 年，我国天然气贸易主要为进口管道天然气和液化天然气（LNG），贸易量增幅较大。2018 年，我国国内的天然气对外依存度达到 42.9%，较 2017 年增加 4.8 个百分点。2018 年我国累计进口天然气 1214 亿 m^3，其中，LNG 进口量占总贸易量的 60.5%，较 2017 年增加 3.3 个百分点，管道天然气进口量占 39.5%。

从天然气贸易的区域结构来看，以中国、日本和韩国为主的东亚、西欧是最大的天然气进口市场。中东地区、俄罗斯、澳大利亚及中亚地区是天然气主要出口市场。美国则受“页岩气革命”的影响，由天然气的净进口国转为净出口国。

其中，管道天然气贸易主要集中在欧洲和北美洲。从占比来看，2018 年德国、美国和意大利的管道天然气进口量占世界管道天然气总进口量的比例最高，分别达到12.5%、9.6%和7.0%，中国以5.9%的进口份额占比排名第四；俄罗斯、挪威和加拿大的管道天然气出口量占世界管道天然气总出口量的比例最高，分别达27.7%、14.2%和9.6%。

2014—2018年，世界管道天然气贸易量年均增长率为4.9%，自2014年以来呈现持续增长态势。2014—2018年世界主要国家中，进口量增长较快的国家是墨西哥、荷兰和中国，年均增长率分别达到22.3%、11.3%和11.2%；出口量增长较快的国家是哈萨克斯坦、阿尔及利亚、乌兹别克斯坦和美国，年均增长率分别为39.8%、13.4%、13.3%和12.4%。2014—2018年世界及主要国家（地区）管道天然气进、出口量见表2-3和表2-4。2014—2018年世界及主要国家管道天然气进、出口量变化趋势如图2-3和图2-4所示。

表2-3　2014—2018年世界及主要国家管道天然气进口量　十亿m^3

世界及主要国家	2014年	2015年	2016年	2017年	2018年	年均增长率（%）	2018年同比增长（%）	2018年占总量比例（%）
德国	85.0	102.3	99.3	94.8	100.8	4.4	6.3	12.5
美国	74.6	74.4	82.5	80.7	77.3	0.9	-4.2	9.6
意大利	46.9	55.7	59.4	53.8	56.2	4.6	4.5	7.0
中国	**31.3**	**33.6**	**38.0**	**39.4**	**47.9**	**11.2**	**21.6**	**5.9**
墨西哥	20.5	29.9	38.4	42.1	45.8	22.3	8.8	5.7
英国	32.9	29.0	34.1	39.4	42.8	6.8	8.6	5.3
土耳其	41.1	39.7	36.9	42.8	37.6	-2.2	-12.1	4.7
法国	27.4	31.8	32.3	33.5	36.8	7.7	9.9	4.6
荷兰	23.2	33.6	38.0	40.9	35.6	11.3	-13.0	4.4
俄罗斯	24.2	21.8	21.7	18.9	25.2	1.0	33.3	3.1
加拿大	21.8	19.2	21.9	24.0	21.9	0.1	-8.8	2.7

续表

世界及主要国家	2014 年	2015 年	2016 年	2017 年	2018 年	年均增长率（%）	2018 年同比增长（%）	2018 年占总量比例（%）
比利时	26.8	23.7	22.2	17.7	19.9	-7.2	12.4	2.5
白俄罗斯	17.9	16.8	16.6	17.8	19.0	1.5	6.7	2.4
世界进口总量	**663.9**	**709.0**	**737.5**	**740.7**	**805.4**	**4.9**	**8.7**	**100.0**

资料来源：《BP 世界能源统计 2019》。

注 数据不包括放空燃烧或回收的天然气。

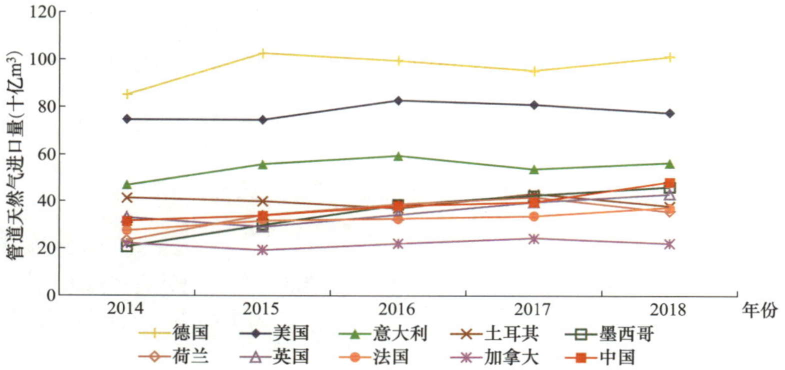

图 2-3 2014—2018 年世界及主要国家管道天然气进口量变化趋势

表 2-4 2014—2018 年世界及主要国家（地区）管道天然气出口量 十亿 m^3

国家（地区）	2014 年	2015 年	2016 年	2017 年	2018 年	年均增长率（%）	2018 年同比增长（%）	2018 年占总量比例（%）
俄罗斯	187.4	179.1	190.8	215.4	223.0	4.4	3.5	27.7
挪威	101.1	109.6	109.8	109.2	114.3	3.1	4.7	14.2
加拿大	74.6	74.3	82.5	80.7	77.2	0.9	-4.3	9.6
美国	42.3	49.1	60.3	66.1	67.6	12.4	2.3	8.4
阿尔及利亚	23.5	26.3	37.1	36.4	38.9	13.4	6.9	4.8
土库曼斯坦	41.6	38.1	37.3	33.6	35.2	-4.1	4.8	4.4

续表

国家（地区）	2014 年	2015 年	2016 年	2017 年	2018 年	年均增长率（%）	2018 年同比增长（%）	2018 年占总量比例（%）
荷兰	44.1	47.1	52.3	43.3	32.5	－7.3	－24.9	4.0
哈萨克斯坦	6.7	11.3	16.6	13.2	25.6	39.8	93.9	3.2
卡塔尔	20.1	20	20	18.4	20.2	0.1	9.8	2.5
乌兹别克斯坦	8.5	7.5	4.3	11.8	14.0	13.3	18.6	1.7
玻利维亚	16.4	16.2	16.1	14.9	13.4	－4.9	－10.1	1.7
伊朗	9.6	8.4	8.4	12.5	12.1	6.0	－3.2	1.5
缅甸	12.7	13.4	12.7	11.5	10.6	－4.4	－7.8	1.3
阿塞拜疆	7.7	7.6	8.8	8.9	9.2	4.6	3.4	1.1
印度尼西亚	9.5	9.3	8.8	8.0	7.6	－5.4	－5.0	0.9
世界出口总量	**663.9**	**709.0**	**737.5**	**740.7**	**805.4**	**4.9**	**8.7**	**100.0**

资料来源：《BP 世界能源统计 2019》。

注 数据不包括放空燃烧或回收的天然气。

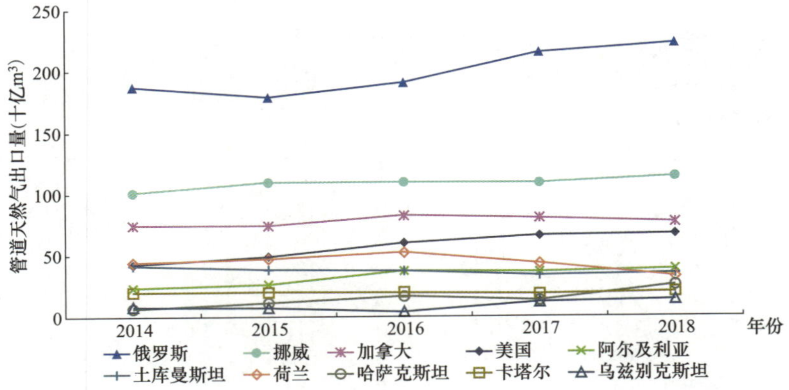

图 2-4 2014—2018 年世界及主要国家管道天然气出口量变化趋势

液化天然气（LNG）贸易量主要集中在亚太地区。2018 年世界主要国家 LNG 进口量占世界总 LNG 进口量的比例最高的国家是日本、中国和韩国，比例达到26.2%、17.1%和14.0%，其中我国的2018年LNG进口量达到735亿m^3，增幅达到38.9%，为世界第二大LNG进口国。

2014—2018年，世界LNG进出口年均增长率均为6.6%。其中，进口量年均增长最快的国家是泰国（34.4%）和中国（28.1%）。美国仍坚持以进口管道天然气为主，LNG进口量在低位徘徊，年均下降5.4%。2018年LNG出口量占世界总LNG出口量的比例最高的国家仍是卡塔尔和澳大利亚，分别达到24.3%和21.3%。出口量增长较快的国家是美国和澳大利亚，年均增长率分别为185.9%和30.1%，其中美国的LNG出口量延续了2017年大幅增长的趋势。2014—2018年世界及主要国家（地区）液化天然气进、出口量见表2-5和表2-6，进、出口量变化趋势如图2-5和图2-6所示。

表2-5　2014—2018年世界及主要国家（地区）液化天然气进口量　十亿m^3

国家（地区）	2014年	2015年	2016年	2017年	2018年	年均增长率（%）	2018年同比增长（%）	2018年占总量比例（%）
日本	121.8	115.9	113.6	113.9	113.0	−1.9	−0.8	26.2
中国	**27.3**	**27.0**	**36.8**	**52.9**	**73.5**	**28.1**	**38.9**	**17.1**
韩国	51.8	45.8	46.3	51.4	60.2	3.8	17.1	14.0
印度	19.1	20.0	24.3	26.1	30.6	12.5	17.2	7.1
中国台湾	18.6	19.6	20.4	22.7	22.8	5.2	0.4	5.3
西班牙	16.2	13.7	13.8	16.6	15.0	−1.9	−9.6	3.5
法国	6.9	6.4	9.1	10.9	13.1	17.4	20.2	3.0
土耳其	7.1	7.5	7.6	10.9	11.5	12.8	5.5	2.7
意大利	4.5	5.9	5.9	8.2	8.0	15.5	−2.4	1.9
英国	11.2	13.7	10.8	7.2	7.3	−10.1	1.4	1.7
墨西哥	9.3	6.8	5.6	6.6	6.9	−7.2	4.5	1.6
泰国	1.9	3.6	3.9	5.2	6.2	34.4	19.2	1.4

续表

国家（地区）	2014年	2015年	2016年	2017年	2018年	年均增长率(%)	2018年同比增长(%)	2018年占总量比例(%)
智利	3.5	3.7	4.5	4.4	4.3	5.3	−2.3	1.0
比利时	2.9	3.6	2.4	1.3	3.7	6.3	184.6	0.9
阿根廷	6.2	5.6	5.1	4.6	3.6	−12.7	−21.7	0.8
巴西	7.1	6.8	2.6	1.7	2.9	−20.1	70.6	0.7
美国	1.7	2.5	2.4	2.2	2.1	5.4	−4.5	0.5
加拿大	0.5	0.6	0.3	0.4	0.6	4.7	50.0	0.1
世界进口总量	**333.3**	**328.3**	**346.6**	**393.4**	**431.0**	**6.6**	**9.6**	**100.0**

资料来源：《BP世界能源统计2019》。

注 数据不包括放空燃烧或回收的天然气。

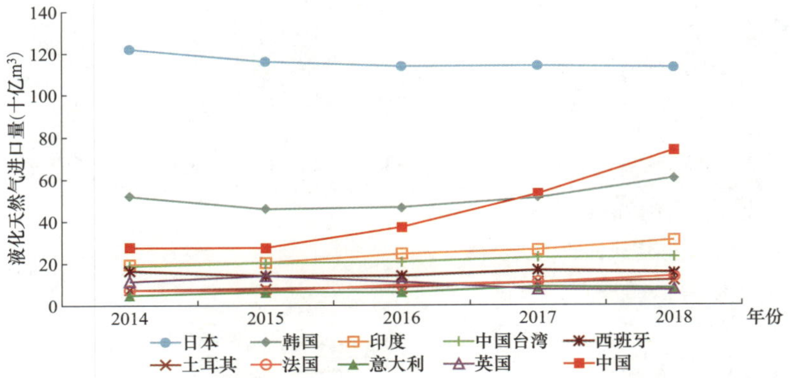

图 2-5 2014—2018年世界及主要国家（地区）液化天然气进口量变化趋势

表 2-6 2014—2018年世界及主要国家（地区）液化天然气出口量 十亿 m^3

国家（地区）	2014年	2015年	2016年	2017年	2018年	年均增长率(%)	2018年同比增长(%)	2018年占总量比例(%)
卡塔尔	103.6	105.6	107.3	104.0	104.8	0.3	0.8	24.3
澳大利亚	32.0	39.9	60.4	76.6	91.8	30.1	19.9	21.3

续表

国家（地区）	2014 年	2015 年	2016 年	2017 年	2018 年	年均增长率（%）	2018 年同比增长（%）	2018 年占总量比例（%）
马来西亚	34.0	34.3	33.6	36.1	33.0	−0.7	−8.5	7.7
美国	0.4	0.7	4.0	17.2	28.4	185.9	65.4	6.6
尼日利亚	26.1	26.9	24.6	28.2	27.8	1.6	−1.3	6.5
俄罗斯	13.6	14.6	14.6	15.4	24.9	16.3	61.5	5.8
印度尼西亚	21.7	21.6	22.4	21.7	20.8	−1.1	−4.1	4.8
特立尼达和多巴哥	17.6	16.4	14.3	13.4	16.8	−1.1	25.0	3.9
阿曼	10.6	10.2	11.0	11.4	13.6	6.3	19.0	3.1
阿尔及利亚	17.4	16.6	15.7	16.5	13.5	−6.1	−17.9	3.1
巴布亚新几内亚	5.0	10.1	10.9	11.1	9.5	17.4	−14.6	2.2
文莱	8.6	8.7	8.6	9.1	8.8	0.4	−4.0	2.0
阿联酋	8.6	7.6	7.7	7.3	7.4	−3.6	1.7	1.7
世界出口总量	**333.6**	**337.1**	**358.3**	**393.9**	**431.0**	**6.6**	**9.4**	**100.0**

资料来源：《BP 世界能源统计 2019》。

注 数据不包括放空燃烧或回收的天然气。

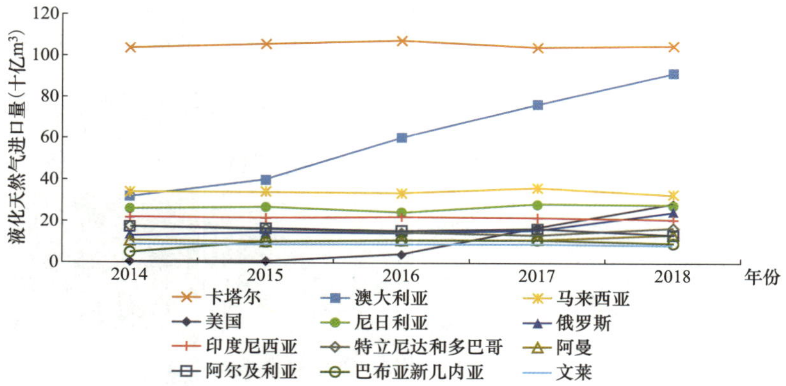

图 2-6 2014—2018 年世界及主要国家（地区）液化天然气出口量变化趋势

2.2 国际天然气市场价格分析

全球天然气市场主要分为北美、欧洲和亚太三大市场。北美市场是高度竞争和全球最成熟的天然气市场，天然气价格完全由市场竞争形成。欧洲天然气市场正处于向竞争性市场过渡阶段，天然气价格主要采用与油价挂钩的定价机制。亚太市场中，日本和韩国作为LNG进口国，LNG进口价格与日本进口原油综合价格（JCC）挂钩，其本国市场的天然气销售价格根据LNG进口成本的变化定期进行调整。

2.2.1 国际天然气市场价格整体情况及影响因素分析

2018年，国际天然气市场价格呈现较为明显的上涨趋势，但区域差异较大。分区域来看，北美市场，以美国天然气进口价格为例，2018年美国天然气进口价格呈现出较强的季节性波动特征。高峰期价格为4.11美元/mcf，低谷期为2.00美元/mcf，峰谷价格比达到2.06。欧洲市场，以俄罗斯天然气出口价格为例，2018年天然气价格上涨明显，由年初的198.4美元/(10^3m^3)增长到年末的246.9美元/(10^3m^3)，增幅达到24.4%，月均增速达到2.0%。亚洲市场，以日本天然气进口价格为例，受到国际原油价格回升和中国LNG需求量增长的影响，2018年日本进口LNG价格一路飙升，由年初的9.34美元/MMBtu上涨到年末的12.00美元/MMBtu，涨幅达到28.5%，月均增长率2.3%。

从量价关系来看，一方面，受欧洲和亚太地区煤气转换和北美页岩气技术革新的推动，2018年国际天然气生产量和消费量都较往年明显增长，分别达到3.87万亿m^3和3.83万亿m^3。世界天然气贸易持续升温，2018年同比增长9.0%。国际天然气贸易日趋频繁为形成合理的天然气价格提供了流动性基础。另一方面，地区间的供需差异更加显著。北美天然气供给增加，美国和加拿大都在积极推动能源出口；亚太受经济增速下降影响，能源需求降低，抑制气价上涨；欧洲由于荷兰逐步退出天然气开采，气源发生变化，俄美争先扩大在欧洲市场份额，可能导致供给过剩。在全球经济增长放缓和中美贸易战持续的影响，全球天然气价格下降趋势不可避免，且短期波动可能会加剧。

2.2.2 北美天然气市场

2018 年，美国天然气进口量为 794 亿 m^3，比 2017 年下降 4.2%，其中管道气进口为 773 亿 m^3，占总进口量的 97.4%，LNG 进口量为 21 亿 m^3，占总进口量的 2.6%。

整体来看，美国进口天然气价格的季节性特征较强，每年 11 月至次年 2 月价格较高，5—8 月价格较低，其他月份波动较大。分品种来看，进口管道天然气价格水平较低（2.56），进口 LNG 价格水平较高（6.00），两类天然气价格的季节性差异均较大。2018 年美国进口天然气价格走势如表 2-7 和图 2-7 所示。

表 2-7　2018 年美国进口天然气价格走势　美元/mcf

时　间	天然气进口价格	进口管道天然气价格	进口 LNG 价格
2018 年 1 月	4.41	3.79	7.51
2018 年 2 月	3.02	2.75	5.95
2018 年 3 月	2.45	2.16	7.07
2018 年 4 月	2.2	2.11	4.57
2018 年 5 月	1.73	1.64	4.61
2018 年 6 月	1.87	1.77	4.62
2018 年 7 月	2.16	2.04	3.72
2018 年 8 月	2.22	2.1	3.72

续表

时　间	天然气进口价格	进口管道天然气价格	进口 LNG 价格
2018 年 9 月	2.09	1.97	5.02
2018 年 10 月	2.61	2.34	5.9
2018 年 11 月	4.1	3.87	10.7
2018 年 12 月	4.89	4.14	8.64
全年均价	2.81	2.56	6.00
低谷期均价（5—8 月）	2.00	1.89	4.17
高峰期均价（1—2 月，11—12 月）	4.11	3.64	8.20
峰谷价格比	2.06	1.93	1.97

资料来源：https：//www.eia.gov/，EIA。

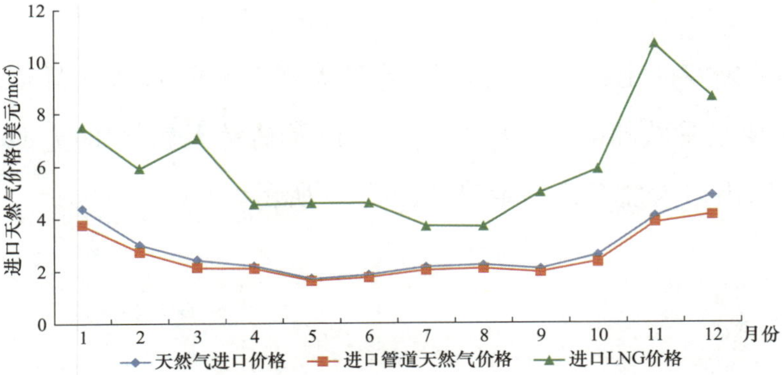

图 2-7　2018 年美国进口天然气价格走势

2.2.3　亚太地区天然气市场

2018 年，日本进口 LNG 价格呈现稳步上涨趋势，且增速较快，月均增长率达到 2.3%。这与 2018 年冬季中国北方“煤改气”引发的天然气市场需求增加有一定关系。长期来看，中国需求增加有一定刚性，但重现 2018 年下半年的暴涨局面可能性较低。2018 年日本进口 LNG 价格走势如图 2-8 所示。

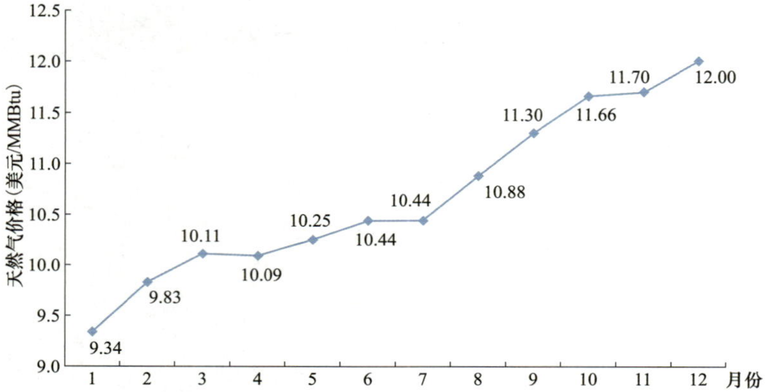

图 2-8　2018 年日本进口 LNG 价格走势

资料来源：https://ycharts.com/indicators/japan_liquefied_natural_gas_import_price。

2.2.4　欧洲天然气市场

2018 年，俄罗斯出口天然气价格呈现持续上涨的趋势，月均增长率达到 2.0%，这主要是受欧洲电力部门煤气转换以及荷兰天然气供应量减少的影响。2018 年俄罗斯出口天然气价格走势如图 2-9 所示。

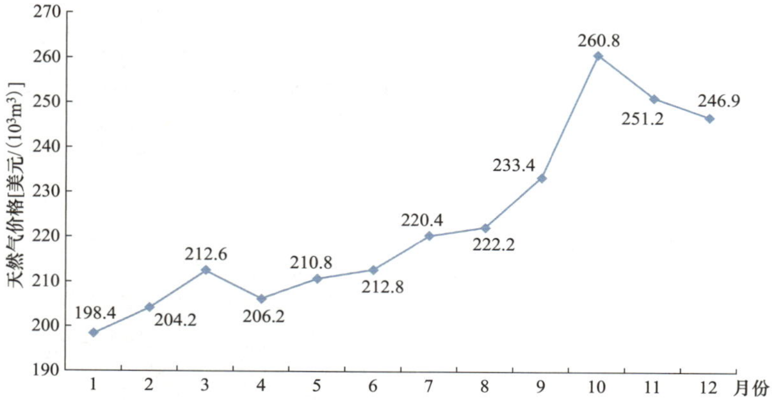

图 2-9　2018 年俄罗斯出口天然气价格走势

资料来源：Wind 数据库。

2.3 工业用天然气价格分析

从可获得数据的国家和地区工业用天然气含税价格来看，价格水平较高的国家是瑞士、芬兰、瑞典，其价格均在50美元/（MW·h）以上；价格水平较低的国家为美国、加拿大和新西兰。中国工业用天然气含税价在本报告观测的主要国家和地区中居于较高水平。

从工业用天然气价格税负情况来看，世界大多数国家对天然气征收消费税，个别国家同时征收消费税和增值税，中国对天然气只征收增值税。各国工业用天然气的税价❶占含税价的比例大部分在3.0%～20.0%之间，较高的为瑞士和芬兰，较低的为韩国、波兰、卢森堡。中国工业用天然气税价占含税价的比例为9.1%，水平居中。

2018年部分国家（地区）工业用天然气含税价格、不含税价格及税价构成如表2-8、图2-10和图2-11所示。

表2-8　2018年部分国家（地区）工业用天然气含税价、不含税价及税价构成

美元/（MW·h）

国家（地区）	不含税价格	消费税	增值税	含税价格	税价占含税价比例（%）
瑞士	55.34	18.15	0.00	73.49	24.7
芬兰	32.55	21.13	0.00	53.68	39.4
瑞典	40.40	9.69	0.00	50.09	19.3
中国	**44.05**	**0.00**	**4.40**	**48.45**	**9.1**
立陶宛	38.61	5.55	0.00	44.16	12.6
法国	36.58	7.02	0.00	43.60	16.1

❶ 工业用天然气税价主要包括消费税、增值税或商品及服务税等。

续表

国 家（地区）	不含税价格	消费税	增值税	含税价格	税价占含税价比例（%）
韩国	43.25	0.00	0.00	43.25	0.0
丹麦	34.34	7.48	0.00	41.82	17.9
爱尔兰	37.39	4.37	0.00	41.76	10.5
意大利	35.65	3.80	0.00	39.45	9.6
奥地利	30.75	6.88	0.00	37.63	18.3
爱沙尼亚	31.27	5.67	0.00	36.94	15.3
拉脱维亚	34.69	1.66	0.00	36.35	4.6
斯洛文尼亚	31.38	3.86	0.00	35.24	11.0
斯洛伐克	32.82	1.56	0.00	34.38	4.5
葡萄牙	32.74	0.82	0.00	33.55	2.4
卢森堡	32.43	0.64	0.00	33.06	1.9
捷克	30.86	1.41	0.00	32.27	4.4
比利时	30.11	1.54	0.00	31.65	4.9
匈牙利	30.34	1.12	0.00	31.47	3.6
德国	26.07	4.76	0.00	30.83	15.4
英国	29.42	1.01	0.00	30.42	3.3
荷兰	25.27	5.02	0.00	30.28	16.6
西班牙	29.55	0.64	0.00	30.19	2.1
波兰	29.91	0.22	0.00	30.13	0.7
土耳其	19.67	0.45	3.62	23.73	17.2
新西兰	17.26	1.20	0.00	18.47	6.5
加拿大	14.78	0.00	0.74	15.52	4.8
美国	—	—	—	13.88	—
平均	**32.41**	—	—	**36.06**	—

资料来源：《Energy Prices and Taxes，2nd Quarter 2019》，IEA。

注 1. 2018 年中国天然气销售增值税税率按 10%计算。

2. 美国分项税价未提供。

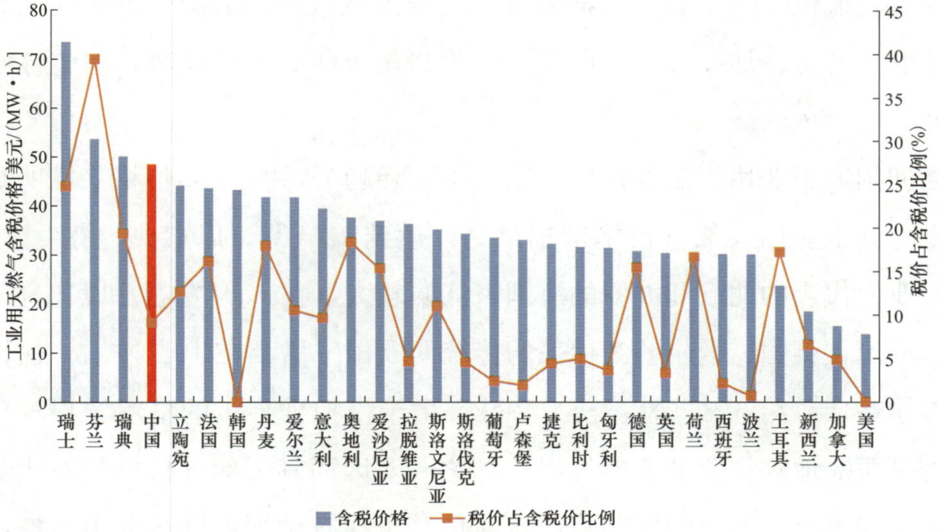

图 2-10　2018 年部分国家（地区）工业用天然气含税价格比较

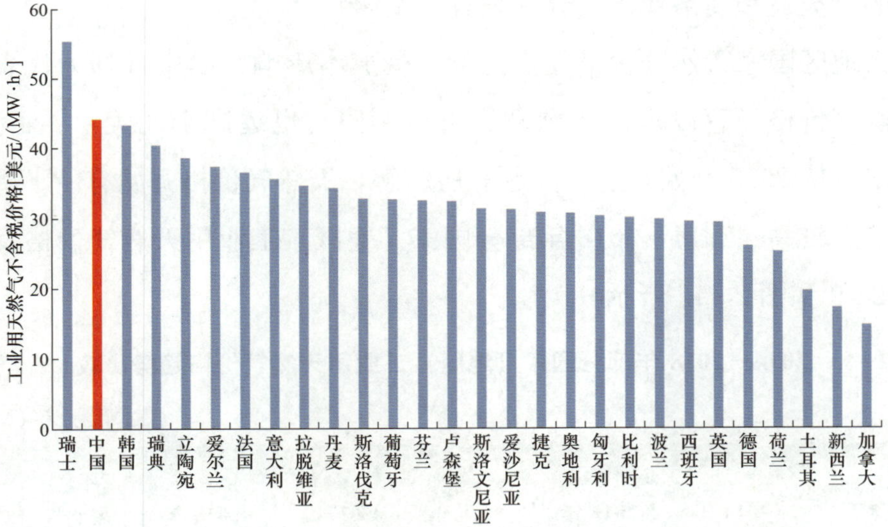

图 2-11　2018 年部分国家（地区）工业用天然气不含税价格比较

从总体变化趋势上看，2014—2018 年部分国家（地区）工业用天然气价格变化趋势地区间差异较大。

受供给量增大影响，北美天然气市场工业用天然气价格保持低位。其中，美国工业用天然气价格从 2014—2016 年一路走低，在 2017、2018 年略有回升，但仍保持在低位。主要原因是美国页岩气开采技术取得突破，天然气供给量增加，拉低了价格。加拿大工业用天然气价格虽近年有上涨趋势，但整体水平依然较低。

欧洲国家工业用天然气价格结束多年下降趋势，2018 年价格上涨明显。其中，土耳其工业用天然气价格增幅最高，达到 42.7%。以瑞典、芬兰、丹麦、爱沙尼亚为代表的北欧和波罗的海国家涨幅较大，在 15%左右。以比利时、卢森堡、德国、英国、爱尔兰为代表的传统西欧国家增幅在 10%左右，法国、西班牙增幅略低，约 6%。荷兰较为特殊，由于坐拥世界级的格罗宁根气田，荷兰一直是西欧地区主要的天然气出口国之一，因而其天然气价格较有优势，增幅也略低。不过受地震频发影响，目前荷兰正在有计划地逐步退出对格罗宁根气田的开采，增加天然气进口，未来荷兰天然气价格波动可能会增加。价格增幅最小的是捷克和斯洛伐克，分别只有 1.4%和 1.1%。

亚太地区国家天然气价格逐步走低。受成本影响，以中日韩为代表的亚太国家天然气价格一直以来高于欧洲大部分国家，也远高于北美，“亚洲溢价”问题突出。从 2015 开始，这一问题有所缓解，天然气价格开始有所下降，但绝对价格依然较高。2014—2018 年部分国家（地区）工业用天然气价格及变化趋势如表 2 - 9 和图 2 - 12 所示。

表 2 - 9　2014—2018 年部分国家（地区）工业用天然气价格趋势比较

本币元/（MW•h）

国家（地区）	2014 年	2015 年	2016 年	2017 年	2018 年	年均增长率（%）	2018 年同比增长（%）
土耳其	84.80	88.80	86.60	80.30	114.59	7.8	42.7
瑞典	376.80	374.50	329.60	348.50	435.45	3.7	24.9
瑞士	67.30	63.30	60.90	59.70	71.88	1.7	20.4
匈牙利	11 900.20	9558.30	7971.60	7173.50	8503.30	－8.1	18.5

续表

国家（地区）	2014 年	2015 年	2016 年	2017 年	2018 年	年均增长率（%）	2018 年同比增长（%）
英国	24.30	21.80	18.50	19.60	22.82	−1.6	16.4
爱沙尼亚	35.70	30.30	23.50	27.20	31.29	−3.2	15.0
丹麦	262.90	248.60	202.70	230.10	264.09	0.1	14.8
波兰	138.30	120.00	93.10	95.50	108.82	−5.8	13.9
芬兰	40.30	37.20	35.70	40.90	45.47	3.1	11.2
爱尔兰	36.60	32.30	30.90	32.10	35.37	−0.8	10.2
比利时	29.70	29.30	24.50	24.40	26.81	−2.5	9.9
卢森堡	33.80	38.20	28.00	25.60	28.01	−4.6	9.4
德国	33.60	30.80	26.50	23.90	26.11	−6.1	9.2
斯洛文尼亚	39.00	34.20	29.10	27.70	29.85	−6.5	7.8
西班牙	33.50	30.00	23.90	23.80	25.57	−6.5	7.4
新西兰	26.80	25.30	22.10	25.10	26.68	−0.1	6.3
法国	39.50	38.00	32.90	34.80	36.93	−1.7	6.1
荷兰	30.90	28.60	24.70	24.20	25.65	−4.5	6.0
奥地利	34.60	37.80	34.70	30.80	31.87	−2.0	3.5
葡萄牙	43.50	39.80	30.80	27.50	28.42	−10.1	3.3
捷克	888.50	829.10	740.10	691.40	701.28	−5.7	1.4
美国	18.30	12.90	11.60	13.70	13.88	−6.7	1.3
斯洛伐克	33.30	32.70	30.60	28.80	29.12	−3.3	1.1
中国	**346.38**	**349.82**	**338.66**	**329.07**	**320.56**	**−1.9**	**−2.6**
加拿大	17.67	12.99	18.29	22.35	20.43	3.7	−8.6

资料来源：1. 中国：2014—2018 年数据来源 Wind 数据库。
2. 其他国家：《Energy Prices and Taxes，2nd Quarter 2019》，IEA。

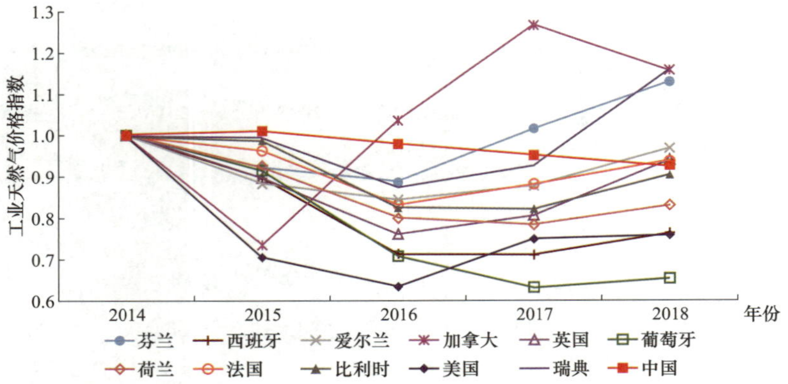

图 2-12　2014—2018 年部分国家（地区）工业用天然气价格变化趋势比较

2.4　居民用天然气价格分析

从居民用天然气含税价格来看，2018 年居民用天然气价格较高的国家是瑞典、智利、丹麦和瑞士，价格均在 100 美元/（MW•h）以上；价格水平较低的国家分别为土耳其、加拿大和美国，价格均在 40 美元/（MW•h）以下。中国居民用天然气含税价格为 43.03 美元/（MW•h），处于较低水平，这与我国工业用天然气的价格水平分布明显不同。

从居民用天然气税负情况来看，与工业用天然气不同，居民用天然气普遍征收增值税，多数国家还要征收消费税，中国只征收增值税。各国居民用天然气税价❶占含税价的比例在 10%～40%之间。在本报告观测的国家和地区中，税价占含税价比例较高的是荷兰、丹麦和瑞典，比例高达 40%以上，较低的是加拿大和英国，均在 5%以下。中国居民用天然气税价占含税价比例为 9.1%，税负水平较低，仅高于加拿大和英国，与韩国相当。

2018 年部分国家（地区）居民用天然气含税价格、不含税价格及税价构成如表 2-10、图 2-13 和图 2-14 所示。

❶　居民用天然气税价主要包括消费税、增值税或商品及服务税等。

表 2-10　2018 年部分国家（地区）居民用天然气含税价、不含税价及税价构成

美元/（MW•h）

国家（地区）	不含税价格	消费税	增值税	含税价格	税价占含税价比例（%）
瑞典	79.85	32.30	28.04	140.19	43.0
智利	98.82	0.00	18.78	117.60	16.0
丹麦	51.05	33.59	21.16	105.79	51.7
瑞士	75.37	18.15	7.20	100.72	25.2
新西兰	85.30	1.20	12.97	99.47	14.3
西班牙	77.11	2.76	16.77	96.65	20.2
荷兰	43.71	34.84	16.50	95.05	54.0
意大利	60.65	18.45	14.26	93.36	35.0
葡萄牙	68.05	5.97	17.02	91.04	25.3
法国	64.61	12.85	12.27	89.72	28.0
爱尔兰	73.20	4.37	10.47	88.04	16.9
奥地利	60.61	8.24	13.77	82.62	26.6
德国	58.31	6.49	12.31	77.11	24.4
捷克	57.79	0.00	12.14	69.93	17.4
斯洛文尼亚	45.68	7.85	11.78	65.31	30.1
波兰	49.26	0.00	11.33	60.59	18.7
英国	56.69	0.00	2.83	59.52	4.8
韩国	52.47	0.00	5.25	57.72	9.1
斯洛伐克	46.71	0.00	9.34	56.05	16.7
拉脱维亚	41.81	1.99	9.20	53.00	21.1
卢森堡	45.72	1.27	3.76	50.75	9.9
爱沙尼亚	34.97	5.64	8.13	48.74	28.2
立陶宛	34.36	4.90	8.21	47.46	27.6
中国	**39.12**	**0.00**	**3.91**	**43.03**	**9.1**
匈牙利	32.76	0.00	8.85	41.61	21.3
美国	—	—	—	34.63	—
加拿大	30.41	0.00	1.52	31.93	4.8
土耳其	21.78	0.00	3.92	25.70	15.3
平均	**54.97**	—	—	**72.16**	—

资料来源：《Energy Prices and Taxes，2nd Quarter 2019》，IEA。

注　1. 2018 年中国天然气销售增值税税率按 10%计算。

2. 美国分项税价未提供。

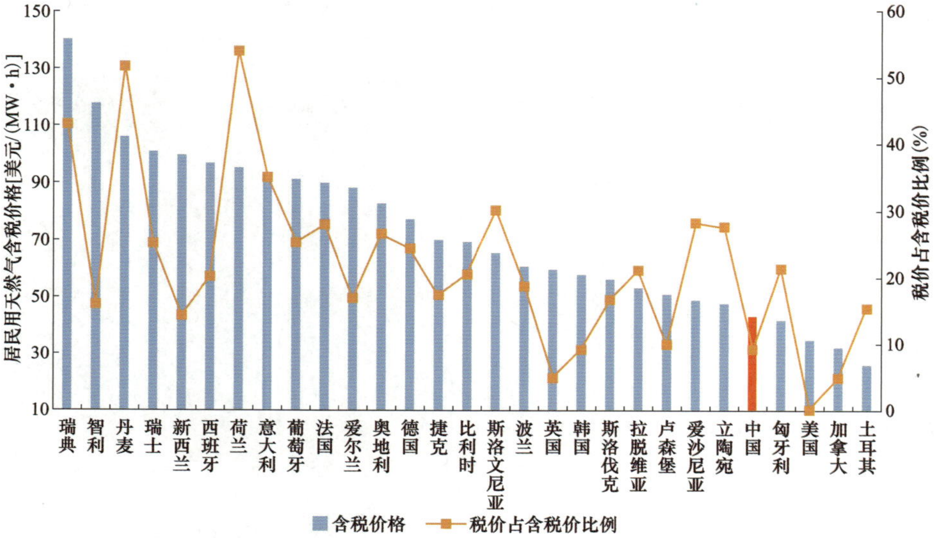

图 2-13　2018 年部分国家（地区）居民用天然气含税价格比较

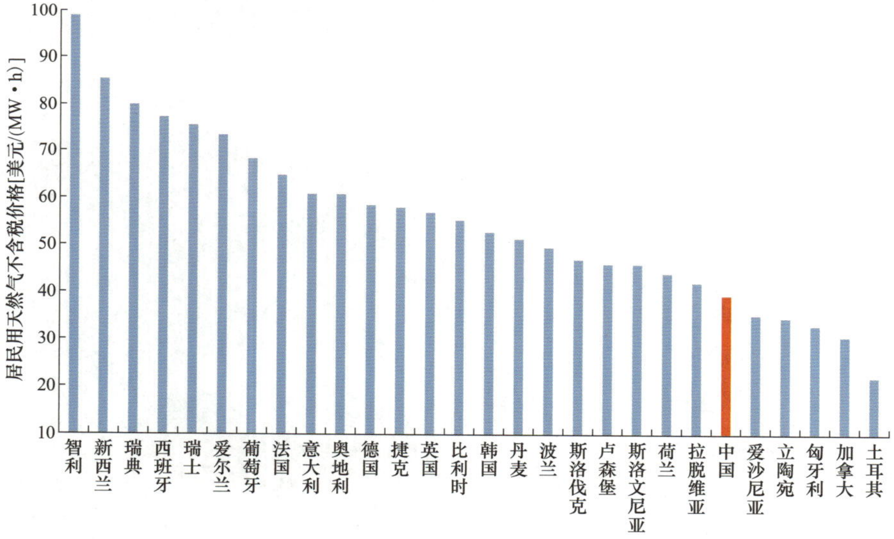

图 2-14　2018 年部分国家（地区）居民用天然气不含税价格比较

从总体变化趋势上看，2014—2018 年，大部分国家（地区）居民用天然气价格呈现先降后升的趋势。2018 年，欧洲地区的爱沙尼亚、波兰、瑞典居民用天然气价格增长较快，土耳其增长也很明显；比利时、爱尔兰、荷兰、法国、瑞士、英国等国的天然气价格增幅也在2%～10%之间；捷克、德国、葡萄牙等少数国家的居民用天然气价格则保持了下降趋势。北美地区由于充分的市场化竞争和页岩气技术革新的影响，价格一直保持低位。2018年美国居民用天然气价格同比下降4%。亚太地区价格水平差异较大。中国居民用天然气价格2016年增长较快，之后保持了较为平缓的上升，2018年同比上涨1.6%。2014—2018年部分国家（地区）居民用天然气价格及变化趋势如表2-11和图2-15所示。

表2-11　2014—2018年部分国家（地区）居民用天然气价格比较

本币元/（MW•h）

国家（地区）	2014年	2015年	2016年	2017年	2018年	年均增长率（%）	2018年同比增长（%）
爱沙尼亚	48.41	41.47	32.51	41.03	55.32	3.4	34.8
波兰	229.07	224.79	198.56	191.56	218.84	−1.1	14.2
土耳其	104.06	111.02	112.36	109.34	124.07	4.5	13.5
新西兰	132.53	132.86	138.44	127.86	143.74	2.1	12.4
瑞典	1056.10	1077.65	1075.20	1126.20	1218.70	3.6	8.2
比利时	66.27	62.53	54.93	54.49	58.66	−3.0	7.6
爱尔兰	75.97	72.56	72.2	69.48	74.57	−0.5	7.3
丹麦	665.56	584.13	542.81	625.46	668.08	0.1	6.8
荷兰	77.31	73.97	75.27	75.54	80.50	1.0	6.6
法国	75.88	74.88	69.65	71.34	75.99	0.0	6.5
卢森堡	52.12	48.5	43.33	40.57	42.98	−4.7	6.0
瑞士	103.08	96.75	96.21	93.42	98.50	−1.1	5.4
斯洛伐克	53.32	52.3	47.19	45.08	47.47	−2.9	5.3
英国	51.20	48.23	43.7	43.19	44.64	−3.4	3.4

续表

国家（地区）	2014 年	2015 年	2016 年	2017 年	2018 年	年均增长率（%）	2018 年同比增长（%）
斯洛文尼亚	66.74	62.71	58.1	53.87	55.32	-4.6	2.7
中国	**240.54**	**239.72**	**273.10**	**280.18**	**284.70**	**4.3**	**1.6**
奥地利	73.01	70.85	67.48	69.64	69.98	-1.1	0.5
匈牙利	11 399.4	11 129.78	11 002.06	11 202.94	11 242.36	-0.3	0.4
捷克	1598.09	1646.9	1568.84	1530.09	1519.59	-1.3	-0.7
西班牙	89.59	88.63	80.16	83.1	81.86	-2.2	-1.5
德国	71.36	70.63	68.64	66.38	65.31	-2.2	-1.6
葡萄牙	103.92	97.89	86.36	78.58	77.11	-7.2	-1.9
美国	36.13	34.23	33.17	36.08	34.63	-1.1	-4.0

资料来源：1. 中国：2014—2018 年数据来源 Wind 数据库。
2. 其他国家：《Energy Prices and Taxes，2nd Quarter 2019》，IEA。

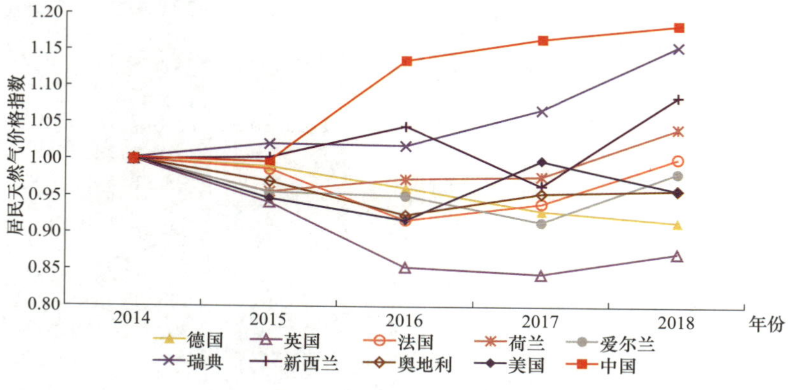

图 2-15　2014—2018 年部分国家（地区）居民用天然气价格变化趋势比较

2.5　国际天然气现货价格展望

2019—2020 年，预计全球天然气价格将整体走低，不同区域间将出现分化。北美地区天然气价格维持低位，欧洲天然气价格显著下降，亚太天然气价格高位震荡、略有降低。北美地区受美国页岩气技术革新的影响，天然气供给大幅增加，对价格造成较大压制，这将迫使美国增加出口，扩展天然气的海外市场。欧洲地区由于荷兰天然气田减产，很可能导致俄罗斯天然气市场份额的上升，而美国一直希望拓展欧洲市场，其对欧洲市场的天然气出口也可能增加。俄美的市场竞争很可能会导致欧洲天然气价格的大幅下降。亚太地区受经济增长放缓影响，原油需求增长动力不足，间接抑制了天然气价格上涨，但由于定价机制和市场竞争的原因，“亚洲溢价”不可能短时期内消除。同时，中美贸易战的持续发酵，也为天然气价格走势带来了较大的不确定因素。综合来看，亚太地区天然气价格依然会维持高位，并受全球天然气价格走势影响，略有降低。

2019—2020 年，由于替代能源石油和煤炭价格预期仍偏低，加之中国经济维持 L 形增长，天然气价格预期将保持低位运行。此外，天然气价格机制改革、新大气污染防治法实施、新能源政策冲击、上游垄断现状发生变化等一系列因素，将对天然气价格形成明显影响。2018 年 5 月 1 日起，国务院将制造业等行业增值税税率进行调整。截至目前，天然气等增值税税率已经降至 9%。随着降税政策的实施，最直接的影响就是使用天然气的企业及个人税负降低，特别针对相关企业，有助于增强企业扩大发展的动力，并形成传导效应，进一步促进经济发展。根据国家发展改革委印发的《国家应对气候变化规划（2014—2020）》指出，2020 年天然气消费量在一次能源消费中的比重将达到 10%以上，利用量达到 3600 亿 m^3，但未来供给过剩将是天然气行业的趋势，价格随之进入下行通道。

2.6 小结

本章从天然气生产消费、国际天然气市场价格、国内外工业用天然气价格和居民用天然气价格等几个方面进行了系统梳理，并对未来两年国际天然气现货价格进行了展望。

2017—2018年，国际天然气市场进口价格整体持平，但在较明显的区域性特征下呈现出一定的上升趋势。区分用气类型来看，在可获得数据的国家中，2018年约半数国家工业用气价格和居民用气价格同比均呈现上升趋势，主要是欧洲和亚太地区受环保政策和煤气转换的影响。2018年，中国工业天然气价格在世界上处于较高水平，民用天然气价格处于较低水平。2014—2018年，中国工业用气价格平均增长率在国际上处于较高水平，但最近几年有所缓解，年均增长率-1.9%；居民用气价格增幅明显，年均增长率为4.3%，但仍处于全球较低水平。展望2019—2020年，受到页岩气供给增加、全球经济增长放缓，以及中美贸易战等因素影响，天然气供求关系偏松趋势加强。预计全球天然气价格将整体走低，不同区域间将出现分化。

3

煤炭价格分析

3.1 煤炭的生产、消费与贸易

3.1.1 煤炭的生产和消费

2018 年，世界煤炭产量 39.17 亿 t 石油当量，其中，中国煤炭产量 18.29 亿 t 石油当量，约占全球煤炭产量的 46.7%，位居世界各国之首。与 2017 年相比，世界煤炭产量上升 4.3%，中国上升 4.7%。2014—2018 年，世界煤炭产量年均下降 0.3%，中国降速略高，年均下降 0.5%。

2018 年，世界煤炭消费量 37.72 亿 t 石油当量，在能源消费量中占比为 27.2%，中国煤炭消费 19.07 亿 t 石油当量，占全球煤炭消费量的 50.1%，在世界各国中排列第一。与 2017 年相比，世界煤炭消费量上升 1.4%，而中国下降 0.9%。2014—2018 年，世界煤炭消费量年均下降 0.60%，中国年均下降幅度与世界持平。

3.1.2 煤炭贸易

2018 年，我国全年进口煤炭 28 123 万 t，同比增长 3.8%，出口煤炭 493 万 t，同比下降 39.6%，煤炭进出口继续呈现两极分化的趋势，全年维持净进口格局，净进口煤炭 27 630 万 t。

从进口情况看，我国煤炭进口量 7 月份（2900 万 t）最高，12 月份（1023 万 t）最低。澳大利亚为我国最大煤炭进口国，印度尼西亚、蒙古、俄罗斯、加拿大、美国紧随其后，详见图 3-1 及表 3-1。

从出口情况看，我国煤炭出口量 9 月份（17.7 万 t）最低，11 月份（68.9 万 t）最高。主要出口地区为韩国、日本、印度尼西亚和越南等地，详见图 3-1 及表 3-1。

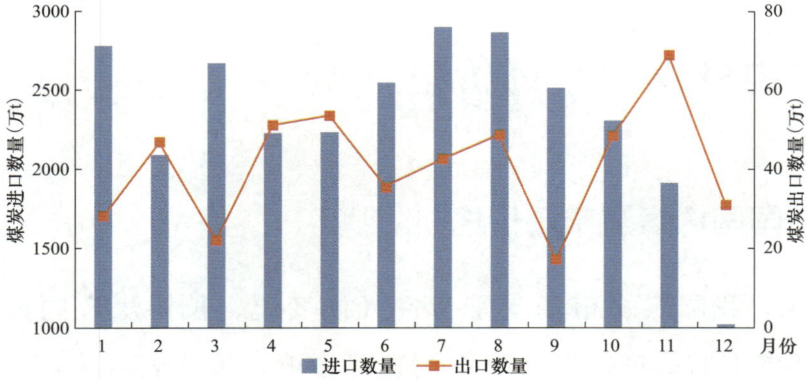

图 3-1 2018 年我国各月煤炭进出口数量

资料来源：中国煤炭市场网。

表 3-1 2018 年我国主要煤炭进出口国（地区）情况

对外进出口国家（地区）		煤炭量（万 t）	价格（美元/t）
进口	澳大利亚	7977.4	130.7
	印度尼西亚	4405.6	63.4
	蒙古	3190.8	84.6
	俄罗斯	2379.0	99.4
	加拿大	295.1	178.6
	美国	228.3	164.9
	菲律宾	182.0	69.2
	越南	21.4	88.6
出口	韩国	228.6	163.0
	日本	190.3	148.7
	印度尼西亚	34.1	158.3
	越南	16.4	69.1
	马来西亚	9.1	203.6
	印度	5.6	86.8
	缅甸	1.0	97.5

资料来源：中国煤炭市场网。

3.2 国内外煤炭市场价格

3.2.1 中国国内煤炭市场价格

2018 年，我国煤炭市场受季节性气候变化、长协煤合同价格机制落实、产地环保安监、进口煤炭政策调整等影响，价格表现为高位震荡波动的走势。

(1) 中国市场交易煤平均价格。2017—2018 年全国市场交易煤平均价格走势如图 3-2 所示。其中，2018 年价格呈现高位震荡走势，全年最大价差为 47 元/t。上半年，1—2 月，低温天气持续较长，煤矿存煤偏低，交易价格上行，1 月达到 674.1 元/t，进入 2 月又略有上涨。3—4 月，春节后煤矿陆续复产，用户库存充裕，市场成交低迷，价格弱势下行，4 月降至全年最低 656.1 元/t。5—6 月，实施产地环保安检，港口煤价看涨情绪较高，推动了市场整体价格上扬。下半年，7—8 月，由于港口及电厂库存偏高，长协煤炭供应有保障，市场采购放缓，交易表现出“旺季不旺”，价格走势下行，从 6 月的 691.4 元/t 下降到 8 月的 677.4 元/t。9—11 月，由于电厂冬储补库，北方供暖陆续开始，加之铁路秋季检修发运量减少，部分地区呈现供不应求局面，推动价格持续上涨，11 月达到年内最高 703.1 元/t。进入 12 月，国家发展改革委出台文件对 2019 年长协煤合同价格进行控制，水平低于市场价格（要求中长期合同年度执行价格不超过 570 元/t，外购煤长协价格不超过 600 元/t），引发市场观望情绪强烈，整体采购意愿不强，市场价格下降到 684.3 元/t。

(2) 秦皇岛动力煤价格。2017—2018 年我国典型交易日秦皇岛动力煤平仓价格见表 3-2。其中，2018 年价格表现为波动逐步减缓和水平略有下降的走势。1—2 月，用电负荷较高，电煤需求比较旺盛，价格趋升，山西优混、山西

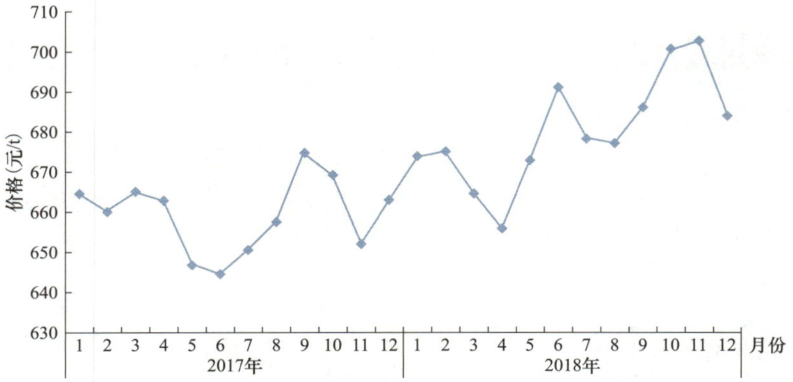

图 3-2　2017—2018 年全国市场交易煤各月平均价格

资料来源：中国煤炭市场网。

大混、普通混煤平仓价格分别由 1 月的 757、731 和 653 元/t，上涨到 2 月的 762、737 和 668 元/t，达到全年最高。3—4 月，下游电厂煤耗水平偏低，煤炭库存偏高，动力煤市场成交低迷，4 月份价格降至全年最低，分别为 590、565 和 479 元/t。5—6 月，大秦线检修影响区域调入减少，港口动力煤库存下降，加上下游电厂负荷增加，供需形势偏紧，推升相应价格分别上涨至 716、691 和 605 元/t。7—8 月，水电发电量增大，主要煤运通道满负荷运转，港口库存上升，市场上电厂采购积极性不高，动力煤价格走低，到 8 月分别降到 649、624 和 539 元/t。9—10 月，在产地坑口价坚挺、到港成本支撑以及冬季补库的预期下，价格趋于上行，10 月分别为 688、663 和 594 元/t；11—12 月，港口库存持续回升，电厂耗煤量增加幅度有限，对下一年长协煤合同价格的政策要求等，影响动力煤市场整体偏弱运行，12 月份相应价格分别下跌到 631、606 和 531 元/t。全年价格走势如图 3-3 所示。

表 3-2　2017—2018 年部分典型交易日秦皇岛动力煤平仓价格行情　　元/t

交易日	山西优混	山西大混	普通混煤
2017 年 1 月 13 日	621	549	486
2017 年 2 月 17 日	605	536	474

续表

交易日	山西优混	山西大混	普通混煤
2017 年 3 月 16 日	625	573	517
2017 年 4 月 13 日	654	601	537
2017 年 5 月 11 日	605	517	464
2017 年 6 月 15 日	565	500	435
2017 年 7 月 13 日	615	545	475
2017 年 8 月 17 日	645	575	515
2017 年 9 月 14 日	640	570	515
2017 年 10 月 12 日	720	630	565
2017 年 11 月 16 日	690	595	530
2017 年 12 月 14 日	685	600	525
2018 年 1 月 15 日	757	731	653
2018 年 2 月 14 日	762	737	668
2018 年 3 月 15 日	663	638	575
2018 年 4 月 13 日	590	565	479
2018 年 5 月 15 日	643	618	529
2018 年 6 月 15 日	716	691	605
2018 年 7 月 16 日	693	668	586
2018 年 8 月 15 日	649	624	539
2018 年 9 月 14 日	653	628	550
2018 年 10 月 15 日	688	663	594
2018 年 11 月 15 日	651	626	556
2018 年 12 月 17 日	631	606	531

资料来源：中国煤炭市场网。

注 热值分别为山西优混（5500kcal/kg）、山西大混（5000kcal/kg）、普通混煤（4500kcal/kg）。

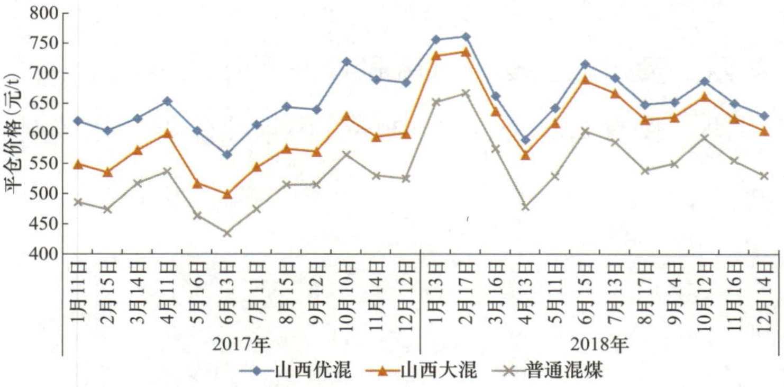

图 3-3　2017—2018 年典型交易日秦皇岛 3 种动力煤价格变动趋势

资料来源：中国煤炭市场网。

(3) 中国电煤价格指数水平。2017—2018 年全国电煤价格指数对应的价格走势如图 3-4 所示。2018 年我国电煤价格指数显示出冲高回落，逐步企稳的变化态势。上半年，1—2 月，电网负荷维持高位，电厂煤耗水平较高，电煤价格上涨，由 1 月的 549.1 元/t 涨到 2 月的 567.2 元/t，达到全年最高值。3—5 月，春节后电厂煤耗水平持续偏低，电厂存煤逐步升高，导致电煤价格下滑，5 月份降到全年最低 515.4 元/t，进入 6 月份，火电出现持续高负荷，大型煤企月度长协价格上涨，电煤价格转为上行。下半年，进入 7 月后，我国中东部、华南北部等地出现持续晴热高温天气，进一步支撑了电煤价格上涨，7 月达到 532.5 元/t。8—12 月，一方面，夏季高温逐渐褪去，电厂机组陆续进入检修阶段，电厂耗煤下降明显，另一方面，北方内地电厂冬储补库开始使得坑口有看涨预期，电煤形成延续震荡行情。期间电厂多以采购长协煤为主，现货采购为辅助，促使电煤价格基本稳定在长协煤价水平，8 月价格为 522.4 元/t，后续两月基本稳定，11 月价格略有下行，进入 12 月又趋平稳，达到 522.2 元/t。

分省区看，2018 年，广西（731.1 元/t）、江西（702.0 元/t）、湖南（682.0 元/t）、湖北（647.4 元/t）、广东（633.0 元/t）等省区平均电煤价格较高，而蒙东（242.2 元/t）、新疆（248.9 元/t）、蒙西（285.3 元/t）、宁夏（379.1 元/t）、山西（379.9 元/t）等省区平均电煤价格较低。其中，波动幅度较大的是云南、海南、江西、湖南和湖北等省，云南波动幅度最大，达 180.7 元/t；蒙东、蒙西、贵州、宁夏、河南和青海等省区年内电煤价格波动较小，其中蒙东波动最小，仅有 23.7 元/t，电煤价格指数分省变化情况见表 3-3。

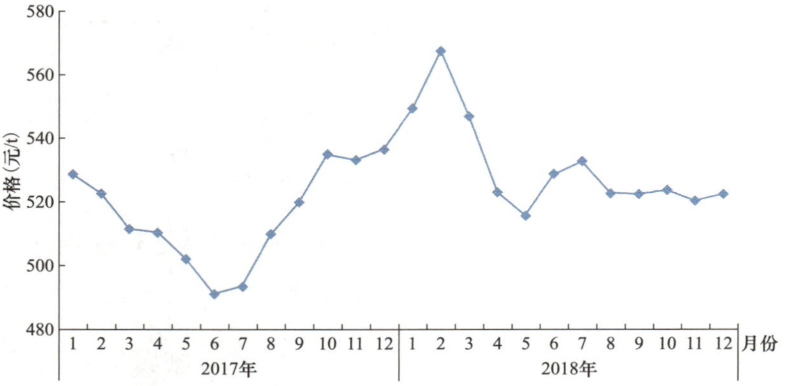

图 3-4　2017—2018 年全国电煤价格指数

资料来源：中国煤炭市场网。

表 3-3　　2018 年全国及分省（区）电煤价格指数表　　元/t

省（地区）	1月	2月	3月	4月	5月	6月	7月	8月	9月	10月	11月	12月
全国	549.1	567.2	546.6	522.8	515.4	528.6	532.5	522.4	522.2	523.5	520.1	522.2
天津	561.2	583.9	585.9	551.5	524.4	529.0	540.9	544.6	541.2	548.9	544.5	542.0
山西	394.0	408.1	396.4	370.9	364.3	374.3	376.4	371.1	371.2	378.5	377.9	375.9
冀南	530.7	540.2	532.1	514.3	504.0	497.3	493.8	500.5	499.8	505.9	509.4	513.3
冀北	510.6	534.1	517.1	474.4	453.6	461.1	467.6	466.2	471.5	485.2	489.7	490.2
蒙东	230.4	227.8	242.4	246.0	248.8	250.4	242.7	228.2	242.7	251.5	245.6	250.4
蒙西	301.6	301.5	292.3	276.0	275.4	286.5	281.2	273.1	283.0	286.8	281.4	284.5
黑龙江	519.3	522.8	495.5	477.4	470.0	472.9	483.7	520.1	539.2	538.0	543.6	535.2
吉林	543.0	548.3	535.6	513.2	506.4	522.0	544.1	573.1	588.8	592.4	581.3	568.8
辽宁	563.7	563.1	558.3	538.8	530.7	537.3	553.3	563.2	573.7	577.8	579.1	563.8

续表

省（地区）	1月	2月	3月	4月	5月	6月	7月	8月	9月	10月	11月	12月
上海	645.3	644.0	647.4	600.1	578.5	584.0	602.3	607.2	585.5	575.0	574.3	555.7
江苏	644.6	651.2	624.2	588.7	576.7	583.9	589.9	583.1	577.1	582.4	584.0	576.6
浙江	636.4	637.8	625.6	592.5	609.3	618.9	586.8	575.8	583.4	587.2	584.8	587.5
安徽	647.4	661.8	635.9	604.1	587.8	592.2	604.0	599.8	598.1	605.7	617.7	610.7
福建	656.8	650.7	649.7	613.2	573.5	600.9	618.6	609.3	604.9	601.6	607.4	608.9
江西	751.6	765.6	739.7	691.2	662.6	677.8	690.8	690.6	691.5	695.1	689.4	678.5
河南	613.9	631.3	621.8	594.7	593.2	601.1	608.9	605.1	595.1	597.5	602.5	599.7
山东	628.5	649.3	634.1	592.9	573.5	586.1	594.9	590.2	588.3	596.3	613.4	616.3
湖南	719.0	737.0	719.1	668.5	640.3	649.6	678.9	677.4	671.3	678.2	677.1	668.1
湖北	677.9	703.4	686.6	632.8	610.4	621.4	642.1	638.4	625.5	629.8	647.1	653.4
陕西	463.3	478.8	465.2	442.3	435.6	436.4	429.0	412.4	418.1	420.1	429.4	435.0
甘肃	505.2	509.1	500.8	489.2	487.9	468.1	464.8	454.8	482.0	502.4	513.9	501.6
四川	648.1	654.0	651.9	619.1	601.6	605.3	612.8	622.7	608.5	601.2	623.0	642.9
重庆	619.4	629.5	620.5	598.8	571.1	570.8	611.4	594.9	597.9	608.2	609.3	618.9
宁夏	400.2	398.2	391.1	370.7	370.4	383.0	379.0	374.7	376.0	372.2	365.7	368.4
青海	544.9	549.3	548.6	536.5	524.3	510.2	516.7	522.6	516.9	517.6	529.2	546.3
广东	651.4	657.9	649.1	634.3	630.5	640.6	639.4	629.7	626.4	616.7	607.7	612.7
广西	756.9	754.5	757.1	745.1	717.0	722.0	705.2	712.8	724.8	729.6	731.1	716.5
云南	467.1	388.7	422.0	447.5	482.8	513.5	510.3	530.2	540.0	541.6	549.7	569.4
贵州	518.6	505.8	500.0	497.2	493.6	486.8	489.9	502.8	503.3	498.0	500.6	513.4
海南	615.0	625.0	637.1	593.5	640.3	565.8	587.8	587.6	590.4	558.1	544.8	534.3
新疆	549.1	567.2	546.6	522.8	515.4	528.6	532.5	522.4	522.2	523.5	520.1	522.2

资料来源：国家发展改革委价格监测中心。

3.2.2 中国进口煤炭价格

2017—2018 年，我国进口煤炭平均价格走势如图 3-5 所示。其中，2018 年，整体呈现前升后降的震荡走势，全年最大价差为 23.5 美元/t，平均价为 86.3 美元/t，同比上年增长 3.2%。上半年，1 月由于加大了对低价的印度尼西亚煤炭进口，进口煤炭价格较 2017 年底水平有明显降低，1—5 月，受国内煤炭市场供需偏紧，国际煤炭价格拉涨等影响，进口价格呈上涨态势，价格变化由 1 月的 83.5 美元/t 上行到 5 月的 90.6 美元/t；到 6 月，前期限制煤炭进口政策影响逐渐显现，同时汇率持续贬值，影响 6 月进口价格走低；下半年，进入 7 月，由于全国范围内的环保安全检查影响，国内煤炭供应量偏紧，国家适当放开了进口煤管制，进口煤价转为上行，达到全年最高 95.4 美元/t；8—10 月，相关部门继续对煤炭进口实行限制措施，由于一些电厂年内的进口煤额度已经用尽，加上汇率持续贬值、进口煤价持续下跌；11 月，受中国进口煤政策不确定影响，价格暂时止跌趋稳，到 12 月，多数电厂和港口 2018 年的进口煤额度已经用完，进口煤数量继续减少，价格再次下跌，降至 71.8 美元/t，为全年最低。

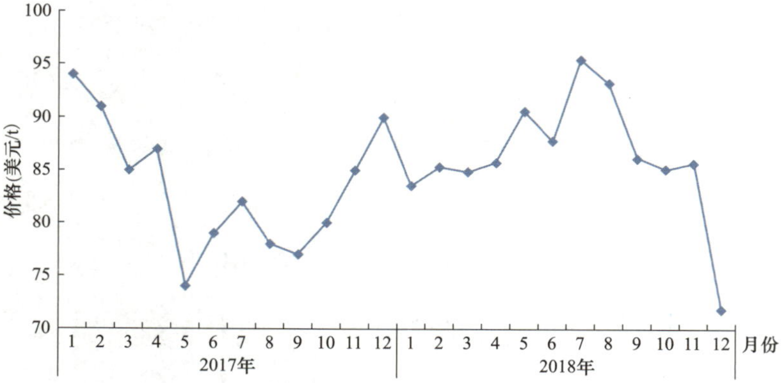

图 3-5 2017—2018 年我国煤炭进口价格变动趋势

资料来源：中国煤炭市场网。

3.2.3 亚太地区煤炭市场价格

2017—2018 年澳大利亚纽卡斯尔港动力煤价格走势如图 3-6 所示。两年比较看，2018 年平均价格较 2017 年高约 18.9 美元/t。其中，2018 年，亚太地区煤炭市场价格主要受中国煤炭市场进口需求波动、季节性气候变化、汇率波动调整、价格与欧洲市场联动等因素影响，表现为前期波动上行，后期又趋回落的变化走势。

以澳大利亚纽卡斯尔港动力煤现货价格为例（如图 3-6 所示），2018 年全年降低 4.9 美元/t 左右。上半年，1 月，受天气寒冷影响，国内供应偏紧，日韩电厂补库节奏有所加快，推高了进口煤需求，纽卡斯尔港动力煤价格受多重支撑上涨到 106.6 美元/t；2—4 月，天气转暖，中国国内港口、电厂库存高位，煤价处于下行通道，亚太市场下游需求较弱，纽卡斯尔港动力煤现货价承压下行，下降到 4 月的 93.8 美元/t。5—6 月，亚洲经济稳健增长，迎峰度夏来临电力需求强劲，以及南非等国际市场动力煤价格快速上涨等，支撑价格持续走高，由 5 月的 105.6 美元/t 上涨到 6 月的 115.5 美元/t。下半年，进入 7 月，人民币持续贬值，中国进口煤交易较为平淡，但东北亚地区包括印度进口澳洲煤需求有所增加，推动纽卡斯尔港动力煤价格小幅上涨，

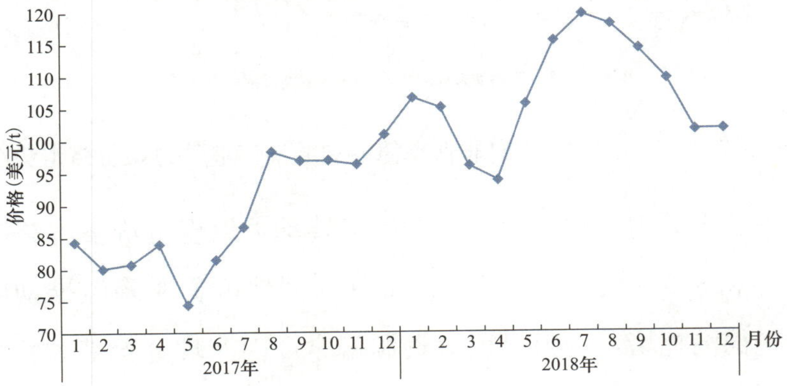

图 3-6　2017—2018 年澳大利亚纽卡斯尔港动力煤价格走势

达到年内最高 119.7 美元/t，8—11 月，受中国港口电厂库存高位、进口额度收紧、汇率调整，印度尼西亚煤炭供应持续增加，亚太地区对进口煤需求有限等影响，纽卡斯尔港动力煤价格连续承压下行，到 11 月下降到 101.5 美元/t。12 月，受寒流气候影响，日韩终端用户现货采购活跃，中国下游电厂对于下年度 1—3 月的招标增加，促进了市场价格企稳，价格基本维持在 101.7 美元/t 左右。

3.2.4 大西洋地区煤炭市场价格

2017—2018 年大西洋地区煤炭市场价格走势如图 3 - 7 所示。其中，2018 年，主要受季节性气候变化、部分港口和铁路运力受限、新能源发电量波动、国际汇率调整、以及亚太市场价格传导等因素影响，价格震荡波动较为明显，年内略有降低。

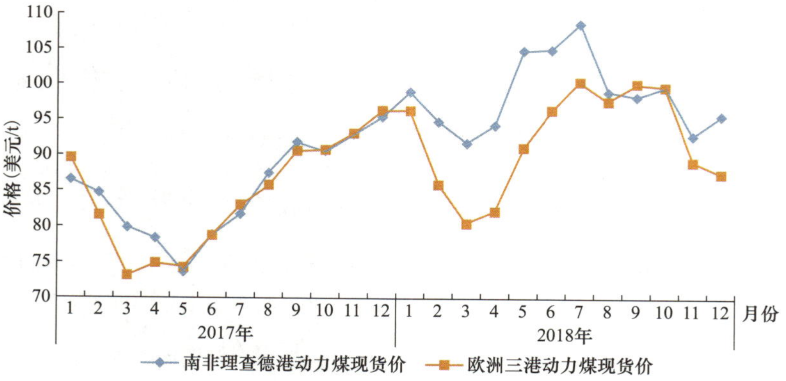

图 3 - 7　2017—2018 年南非理查德港和欧洲三港动力煤价格走势图

南非理查德港动力煤现货价格和欧洲三港动力煤现货价格，2018 年分别下降 3.4 美元/t 和 8.9 美元/t。上半年，1 月欧洲地区普遍降温推动电厂耗煤需求，加之理查德港拥堵，动力煤现货资源偏紧，南非理查德港和欧洲三港煤动力煤价格上行，分别涨到 98.9 美元/t 和 96.2 美元/t，2—3 月，随着天气转暖，港口拥堵情况明显改善，大西洋地区动力煤需求有所减少，欧洲地区电厂库存高位，南非理查德港和欧洲三港煤动力煤现货价格均承压下行，分别下降到3月的91.7美元/t和80.5美元/t，其中欧洲三港降幅较为明显。4—6月，受欧洲地区新能源发电出力不足，南非降雨影响煤矿减产，美国铁路运力有限，造成动力煤货源偏紧，推动南非理查德港动力煤现货价格由4月的94.1美元/t上涨到6月的104.8美元/t，欧洲三港动力煤现货价格由4月的82.1美元/t上涨到6月的96.3美元/t。下半年，7月，印度和巴基斯坦增加对南非煤炭的进口，欧洲地区耗煤需求有所增加，推升南非理查德港和欧洲三港煤动力煤现货价格分别上涨到108.5美元/t和100.2美元/t，达到全年最高值。8—10月，由于印度卢比兑美元贬值，进口南非煤需求有所减少，8、9月理查德港煤价小幅下调，10月由于巴基斯坦进口需求支撑，理查德港动力煤价格稳定99.5美元/t；8月欧洲地区电厂、港口煤炭库存高位，出口欧洲地区的俄罗斯煤炭供应持续增加，欧洲三港动力煤价格小幅下降，但9月欧洲地区新能源发电不及预期，再加上莱茵河水位偏低造成运输受阻，欧洲三港动力煤价格上涨，10月北欧运煤港口库存偏高，新能源发电出力有所增加，耗煤需求减少，影响欧洲三港煤价转为下降到99.5美元/t。11月，南非、美国和印度尼西亚煤炭出口都转向印度，为了抢占市场，理查德港煤价不得不降价出售，随着澳洲、美国、南非和俄罗斯的煤炭大量涌入欧洲，导致欧洲动力煤供应过剩，加上欧洲风力发电出力增加，耗煤需求减少，影响欧洲三港煤价下降。12月，印度进口南非煤需求有所增加，再加上港口事故导致南非煤供应偏紧，推动理查德港价格上涨到95.5美元/t，而欧洲地区动力煤需求有限，港口库存维持高位，欧洲三港动力煤价格小幅下跌到87.4美元/t。

3.2.5 国内外煤炭价格及其变化趋势的比较

2017—2018年，我国环渤海煤炭标煤价格与澳大利亚纽卡斯尔港动力煤价格对比如图3-8所示。其中，2018年，受我国中长期合同稳定兑现影响，除3、4月外，我国环渤海煤炭价格均低于澳大利亚纽卡斯尔港动力煤现货价格。从水平看，环渤海煤炭价格与澳大利亚纽卡斯尔港动力煤价格相比，4月价差最大为 70.0 元/t，8 月价差最小，倒挂达 175.6 元/t。从走势看，环渤海煤炭价格走势平稳，而澳大利亚纽卡斯尔港动力煤现货价格变化波动较大，1—4 月，中国对澳大利亚动力煤采购偏弱，并启用进口煤限制政策，纽卡斯尔港动力煤现货价格承压下行，环渤海煤炭与纽卡斯尔港动力煤相比，价格由 1 月价差偏低 27.2 元/t，到 4 月转为价差高出最大；5—8 月，受气温升高、亚洲发电用煤需求强劲影响，澳大利亚纽卡斯尔港动力煤现货价格一路上涨，8 月，环渤海煤炭价格相比偏低最大；9—12 月，中国电煤库存较高，对进口煤需求有限，亚太煤炭市场观望情绪浓厚，影响澳大利亚纽卡斯尔港动力煤现货价格走势下行，环渤海煤炭价格价差倒挂减小，到 12 月价差为相对偏低 52.5 元/t。

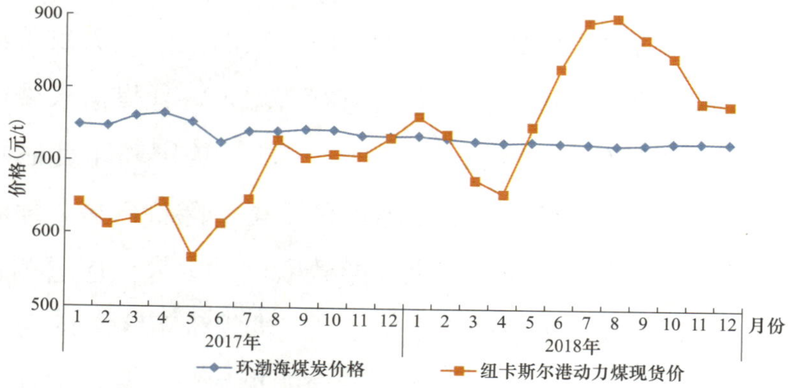

图 3-8　我国环渤海煤炭与纽卡斯尔港动力煤现货价格走势对比图

3.3　动力煤价格分析

2018 年，部分国家（地区）动力煤价格见表 3-4，含税价格水平在 69.8～346.7 美元/t 之间，芬兰居首，其次是奥地利、比利时等国，波兰、土耳其和美国水平较低。

表 3-4　　2018 年部分国家（地区）动力煤价格及税价情况　　美元/t

国　家	不含税价格	消费税	增值税	含税价格
芬兰	106.0	240.7	—	346.7
奥地利	118.8	59.0	—	177.9
比利时	142.3	—	—	142.3
日本	117.4	12.4	—	129.8
英国	116.8	9.0	—	125.8
瑞士	117.1	—	—	117.1
波兰	—	—	—	92.3
土耳其	65.6	—	11.8	77.5
美国	—	—	—	69.8
平均	**—**	**—**	**—**	**142.1**

资料来源：《Energy Prices and Taxes，2nd Quarter 2019》，IEA。

2014—2018 年，部分国家（地区）动力煤价格水平见表 3-5，价格指数变化如图 3-9 所示。从变化趋势看，价格增长较大的有土耳其、芬兰、比利时，美国、英国和奥地利价格表现为下降走势，美国年均降幅最大。

表 3-5　　2014—2018 年部分国家（地区）动力煤价格水平　　本币元/t

国家（地区）	2014 年	2015 年	2016 年	2017 年	2018 年	年均增长率（%）
土耳其	198.5	219.9	235.6	256.3	374.0	17.2
芬兰	203.9	221.7	243.3	279.4	293.7	9.6
比利时	91.5	83.8	79.7	124.7	120.5	7.1
日本	12 163.0	11 678.0	10 003.0	13 515.9	14 335.6	4.2
波兰	292.0	264.3	236.6	286.6	333.3	3.4
瑞士	102.8	95.0	89.5	95.1	114.5	2.7
奥地利	155.1	153.1	150.4	192.8	150.6	-0.7
英国	100.9	90.5	74.5	79.7	94.4	-1.7
美国	80.1	75.2	71.6	70.3	69.8	-3.4

资料来源：《Energy Prices and Taxes，2nd Quarter 2019》，IEA。

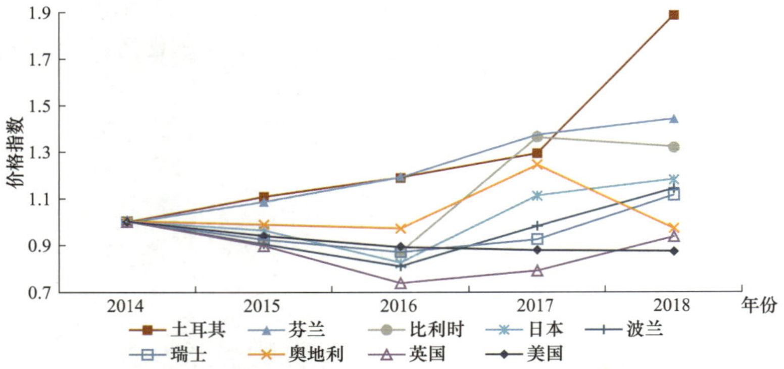

图 3-9　2014—2018 年部分国家（地区）动力煤价格指数值变化趋势

3.4　发电用煤价格分析

2018 年，部分国家（地区）电煤价格见表 3-6，不同国家间发电用煤价格差别较大。由于煤炭资源缺乏，德国、芬兰和英国电煤价格均高于 100.0 美元/t，德国水平最高，为 132.1 美元/t；土耳其、美国由于煤炭资源储量丰富，电煤价格偏低，分别为 21.8 美元/t 和 47.2 美元/t。中国电煤受签订电煤长协价格等影响，水平维持高位，为 112.4 美元/t。

表 3-6　　2018 年部分国家（地区）电煤价格及税价情况　　美元/t

国　家	不含税价格	消费税	增值税	含税价格
德国	132.1	—	—	132.1
中国	**96.6**	**—**	**15.8**	**112.4**
芬兰	106.0	—	—	106.0
英国	102.5	—	—	102.5
奥地利	99.5	—	—	99.5
智利	98.2	—	—	98.2
葡萄牙	91.3	2.3	—	93.7

续表

国　家	不含税价格	消费税	增值税	含税价格
波兰	66.7	—	—	66.7
墨西哥	54.5	—	—	54.5
美国	47.2	—	—	47.2
土耳其	18.5	—	3.3	21.8
平均	—	—	—	**85.0**

资料来源：1. 国外：《Energy Prices and Taxes，2nd Quarter 2019》，IEA。
2. 中国：基础资料来源于国家发展改革委价格监测中心，按热值 5000kcal/kg 将电煤价格折算为标准煤价。

2014—2018 年，部分国家（地区）发电用煤价格见表 3-7，价格指数变化趋势如图 3-10 所示。近五年，德国、葡萄牙、英国和智利电煤价格增长较快，年均超过 7%；美国和奥地利电煤价格呈现下降走势，美国年均降幅最大，为 3.4%；中国电煤价格年均增速居中，年均增长 4.5%。

表 3-7　　2014—2018 年部分国家（地区）发电用煤价格　　本币元/t

国家（地区）	2014 年	2015 年	2016 年	2017 年	2018 年	年均增长率（%）
德国	75.8	74.6	71.9	106.6	111.9	10.2
葡萄牙	54.4	50.5	49.7	75.6	79.3	9.9
英国	56.7	48.7	54.3	73.9	76.9	7.9
智利	47 442	47 093	47 375	57 420	62 996	7.3
芬兰	71.2	67.2	64.8	88.4	89.8	6.0
墨西哥	839.9	900.5	950.6	1050.0	1049.3	5.7
中国	**622.5**	**508.2**	**538.9**	**722.2**	**743.3**	**4.5**
土耳其	95.3	86.9	86	95.6	105.5	2.6
波兰	237.1	223.9	202.4	201.9	240.9	0.4

续表

国家（地区）	2014 年	2015 年	2016 年	2017 年	2018 年	年均增长率（%）
奥地利	84.9	83.2	89.5	91.5	84.3	－0.2
美国	54.1	50.9	48.4	47.5	47.2	－3.4

资料来源：1. 国外：《Energy Prices and Taxes，2nd Quarter 2019》，IEA。
2. 中国：2013—2018 年基础资料来源于中国煤炭工业协会和国家发展改革委价格监测中心，按原煤热值 5000kcal/kg 将电煤价格折算为标煤价。

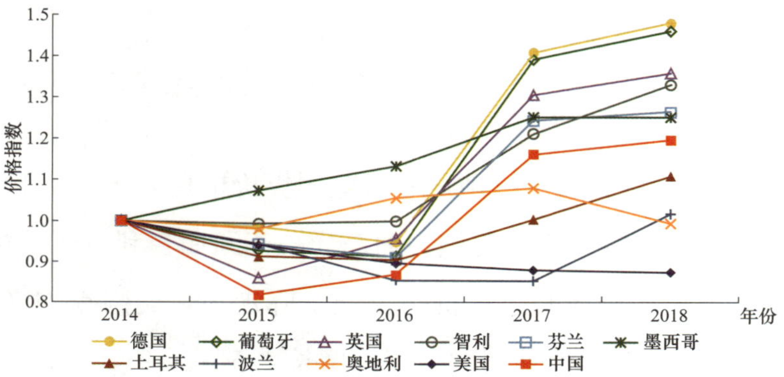

图 3－10　2014—2018 年部分国家（地区）电煤价格变化趋势图

3.5　煤炭价格展望

2019—2020 年，由美国挑动关税贸易战，延缓世界经济的恢复性增长，将拖累全球煤炭市场需求，同时，全球范围内以非化石能源替代燃煤发电的发展趋势依然明显，综合以上影响，煤炭消费量趋于下降，将制约国际煤炭价格的上涨，预计未来一段时期，国际煤炭价格将在高位有所回落，并随季节性供需变化，呈现震荡走势。

2019 年，世界经济发展的不确定性增加，煤炭市场的增长动力减弱，加上国际原油价格维持低位震荡等影响，煤炭价格具有下行趋势，进入 2020 年，全球经济预期将出现恢复性增长，煤炭需求增强，国际煤价将有所上涨。

国内，煤炭市场供需保持总体平衡，其中煤炭中长期合同作为一项长期政策，对稳定供需关系和煤炭价格具有重要意义。同时，随着促进优质产能释放、提升煤炭运输能力等措施的落实，国内煤价变化幅度或难以出现大涨大跌的态势，预计2019—2020年，热值5500kcal的动力煤价格可稳定在500～600元/t区间，随季节性变化对供需形势的影响，淡旺季或将形成小幅震荡波动。

3.6 小结

本章从煤炭生产消费、国内外煤炭市场价格、国内外动力煤价格和发电用煤价格等几个方面进行了系统梳理，并对未来两年我国煤炭价格进行了展望。

2017—2018年，国内外煤炭市场价格呈现高位震荡的走势，其中，国内煤炭价格运行波动较为明显。2018年，国内煤炭市场，全国市场交易煤价格，受气候变化、长协煤合同价格机制、产地环保安监等影响，全年上涨9.8元/t；全国电煤价格指数，全年上涨26.9元/t。我国进口煤炭28 123万t，平均价格为86.3美元/t，同比增长3.2%，价格全年上涨2.7美元/t。展望2019—2020年，综合多重因素影响，预计我国煤炭市场价格总体将趋于稳定，5500kcal的动力煤价格将稳定在500～600元/t区间，随供需变化或有小幅震荡波动。

4

电力价格分析

4.1 电力生产与消费

2018年，美国、中国、印度、俄罗斯等全球前十的10个国家[1]发电量为18.46万亿kW·h。其中，中国、美国占比分别为38.4%、24.0%，其他国家或地区的占比均不超过10%。各国发电量占比如图4-1所示。

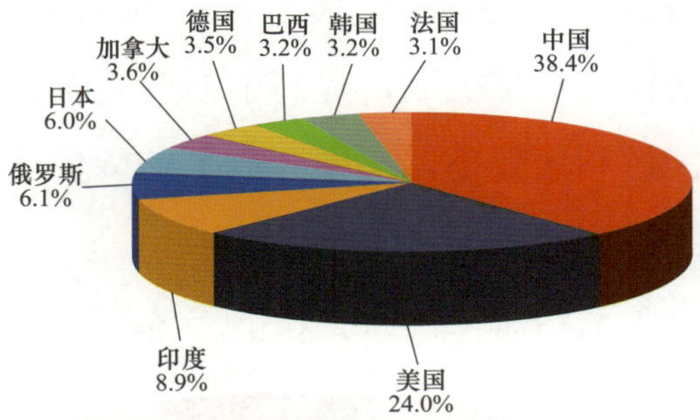

图4-1 2018年部分国家电力生产占比情况

资料来源：https://yearbook.enerdata.net/electricity/world-electricity-production-statistics.html。

2018年，上述国家发电量除德国和加拿大之外其余同比均有上升趋势，2014—2018年，各国发电量走势如图4-2所示。

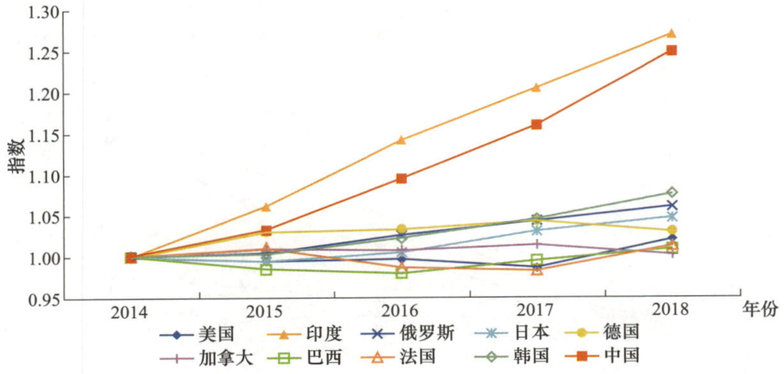

图4-2 部分国家（地区）发电量近年走势比较

[1] 仅对美国、中国、日本、俄罗斯等发电量为全球前十的国家进行分析。

2018 年电力消费量位居前十的仍然是上述美国、中国、印度、日本等国家，各国消费量占比与发电量占比基本一致，如图 4-3 所示。2014—2018 年，各国电力消费走势与发电量变化趋势大致相同，如图 4-4 所示。其中美国用电量在 2017 年回落后 2018 年大幅回升，主要是受到气候因素影响导致冷热负荷上涨明显，此外，分用户类别来看，居民和商业用户是整体负荷上涨的主要贡献者，美国工业用户近五年来一直平稳下降。德国用电量近五年来保持稳定，2014 年，德国政府公布了《能源转向进展报告》和《国家能源效率行动计划》，计划通过采取引入新的能效竞标机制、提高节能改造资助金额和建立能源效率网络平台等措施提高能源利用效率，德国开启了能源供给和能源使用领域广泛而深入的转型。

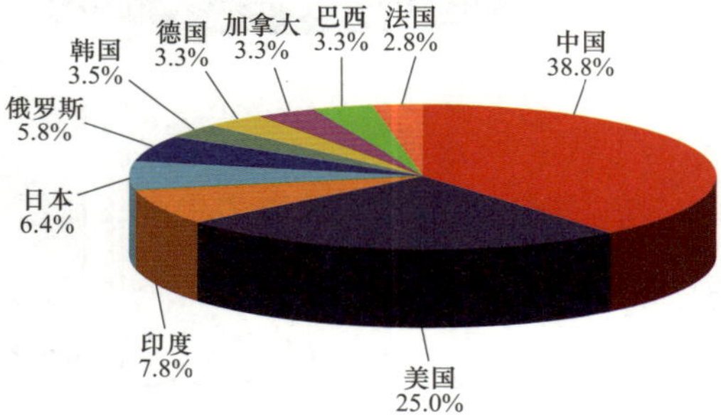

图 4-3　2018 年部分国家电力消费占比情况

资料来源：https：//yearbook. enerdata. net/electricity/world - electricity - production - statistics. html。

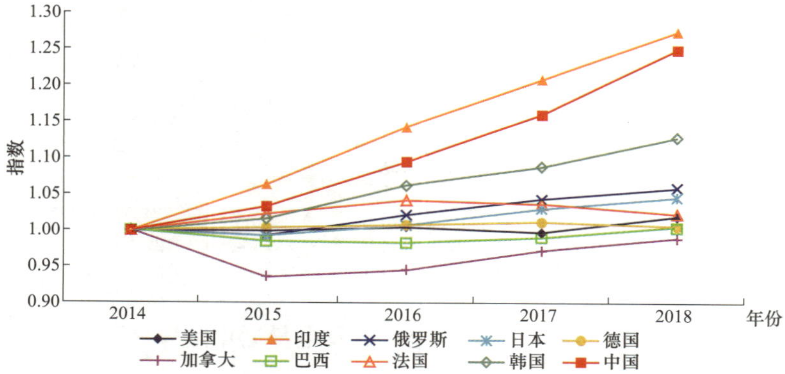

图 4-4　部分国家（地区）用电量近年走势比较

4.2 上网电价分析

4.2.1 上网电价水平分析

(1) 上网电价总水平。2018年，世界部分国家（地区）的上网电价（或批发电价）为0.049～0.087美元/（kW•h），欧洲、美国、澳大利亚、中国、韩国相比较，中国上网电价处于中等的水平，为0.058美元/（kW•h），其水平比较见表4-1。

表4-1 2018年部分国家（地区）上网电价（或批发电价）比较

美元/（kW•h）

国家（地区）	地区（公司）	2018年
德国		0.049
荷兰		0.062
比利时		0.065
法国		0.060
北欧电力市场现货价格		0.052
瑞典		0.053
芬兰		0.055
丹麦	西部地区	0.052
	东部地区	0.055
挪威	奥斯陆	0.052
	克里斯蒂安桑	0.051
	卑尔根	0.051
	莫尔德&特隆赫姆	0.052
	特罗姆瑟	0.052

续表

国家（地区）	地区（公司）	2018 年
澳大利亚	新南威尔士	0.061
	昆士兰	0.054
	南澳	0.073
	塔斯马尼亚	0.065
	维多利亚	0.069
	澳大利亚平均	0.065
美国		0.064
中国		**0.058**
韩国		0.087
各国平均		**0.059**

资料来源：1. 美国：EIA Annual Energy Outlook 2019。
2. 韩国：《韩国电力》。
3. 瑞典、芬兰、丹麦、挪威：http：//www.nordpoolspot.com。
4. 德国、荷兰、比利时、法国：https：//www.epexspot.com。
5. 澳大利亚：http：//www.aemo.com.au/。
6. 中国：国家能源局。

注 1. 美国为电力重组改革后发电企业的售电均价。
2. 澳大利亚统计数据为财政年度内数据，时间为上一年 7 月至本年 6 月。

瑞典、丹麦和挪威上网电价之所以较低，主要是因为其发电构成中可再生能源占很大的比例，其中挪威水电发电量占比超过 95%；丹麦可再生能源发电量占超过 70%，且占比呈逐年上升趋势；瑞典发电装机以水电、核电和风电为主，其中水电发电量占比约为 40%，发电成本低于主要靠化石燃料发电的国家。

中国、韩国、澳大利亚、美国、德国主要依靠化石燃料发电，其中我国燃煤发电量占比约为 70%；澳大利亚燃煤发电量占比超过 60%；美国、韩国、德国以煤炭和天然气作为主要发电燃料。在上述五个国家中，德国上网电价水平远低于其他四国，究其原因，在于德国可再生能源发展迅速、装机容量占比较大，2018 年，德国风电（含陆上和海上风电）、光伏发电总装机容量占比约为 50%，发电量占比约 35%。德国于 2007 年在日内市场、2008 年在德国一奥地利日前市场引入负电价机制，当某一时段可再生能源出力较大，甚至超过用电负荷时，传统燃煤机组为避免停机损失会按照负电价进行竞价，从而导致电力批发市场电价为零或负电价。2018 年，德国批发市场有 134h 出现了负电价。

(2) 分类电源上网电价水平。2018 年我国燃煤发电价格为 0.038～0.067 美元/（kW•h），低于英国、美国、德国和韩国。部分国家的燃煤电厂发电价格见表 4-2。

表 4-2　部分国家燃煤电厂发电价表　美元/（kW•h）

国　家	价　格	国　家	价　格
英国	0.154～0.216	韩国	0.070
美国	0.119～0.130	日本	0.095
德国	0.052～0.11	**中国**	**0.038～0.067**

资料来源：1. 美国：Levelized Cost and Levelized Avoided Cost of New Generation Resources in the Annual Energy Outlook 2018，EIA。
2. 韩国：《韩国电力》。
3. 英国：BEIS Electricity Generation Cost Report 2016。
4. 日本：Projectd Costs of Generating Electricity。
5. 德国：Levelized Cost of Electricity Renewable Energy Technologies. Frauhofer. Retrieved March 2018。

部分国家的风电电价见表 4-3。我国陆上风电实行分资源区标杆电价，且在逐步降低风电补贴。2018 年，我国第Ⅰ、Ⅱ、Ⅲ、Ⅳ类资源区新核准建设的陆上风电标杆上网电价分别为 0.40、0.45、0.49、0.57 元/（kW•h），与美国、日本、韩国等国家风电价格大致相当，处于中等偏上水平。2019 年 1 月 1 日之后，陆上风电标杆上网电价改为指导价，新核准的集中式陆上风电项目上网电价全部通过竞争方式确定，不得高于项目所在资源区指导价，新核准陆上风电指导价分别为 0.34、0.39、

0.43、0.52 元/（kW•h）。

表 4-3　　部分国家（地区）风电电价水平　　美元/（kW•h）

国　家	风电价格
日本	陆上风电 0.196；海上风电 0.321
美国	陆上风电 0.048；海上风电 0.117
南非	陆上风电 0.094
加拿大	0.029
荷兰	0.055
巴西	0.019
德国	0.046
墨西哥	0.018
中国	**陆上风电 0.050、0.058、0.064、0.077**
韩国	0.086
英国	0.011～0.112

资料来源：1. 荷兰、巴西、德国、墨西哥：GWEC Global Wind Report 2018。
2. 美国：Levelized Cost and Levelized Avoided Cost of New Generation Resources in the Annual Energy Outlook 2018，EIA。
3. 韩国：韩国电力公社。
4. 南非：Department of Energy Republic of South Africa。
5. 英国：Ofgem。

部分国家的光伏发电固定上网电价见表 4-4。我国光伏发电执行三类资源区标杆价，2018 年 5 月 31 日起，新投运光伏电站标杆上网电价分别为 0.60、0.70、0.80 元/（kW•h），折合成美元为 0.091、0.106、0.121 美元/（kW•h），低于大部分国家（地区）的光伏发电固定上网电价。2019 年 7 月 1 日后，集中式光伏电站标杆上网电价改为指导价，Ⅰ～Ⅲ类资源区新增集中式光伏电站指导价分别为 0.40、0.45、0.55 元/（kW•h）。

表 4 - 4　　　部分国家（地区）光伏发电固定上网电价水平　　　美元/（kW•h）

国家（地区）		屋顶光伏发电	地面光伏发电	建筑一体化光伏发电	执行年限
澳大利亚	新南威尔士州	＜10kW，0.6103	＜10kW，0.6103		7
	南澳大利亚州	＜30kW，0.5967 ＞30kW，0.0567	＜30kW，0.5967 ＞30kW，0.0567		20
	昆士兰	＜5kW，0.0868 ＞5kW，0.059 71	＜5kW，0.0868 ＞5kW，0.059 71		20
	维多利亚州	＜5kW，0.6103 ＜100kW，0.0597	＜5kW，0.6103 ＜100kW，0.0597		15
	首都特区 ACT	＜200kW，30.94	＜200kW，30.94		20
阿尔及利亚		0.6836	1～5MW：US$ 0.2000/（kW•h），每年配额 1500～1574（kW•h）（适用于前五年，此后按照实际产量/性能进行调整） 5MW 以上：US$ 0.1600/（kW•h），每年配额 1500～1574（kW•h）（适用于前五年，此后按照实际产量/性能进行调整）	0.6836	20
阿根廷		＜30MW 以下，0.2162	＜30MW 以下，0.2162	＜30MW 以下，0.2161	15
西班牙		＜20kW，0.3608 ＞20kW，0.2618	0.1655	＜20kW，0.3838 ＞20kW，0.2618	25
英国		0～4kW，0.2320 ＞4～10kW，0.2102 ＞10～50kW，0.1958 50～100kW，0.1668 100～150kW，0.1668 150～250kW，0.1596 ＞250kW～5MW，1.029 独立系统，1.0290 出口补贴率，0.6972	独立系统，0.0963 10～50kW，0.2577 50～100kW，0.217 250kW＋，0.1505	≤4kW（改造），0.3526 ≤4kW（新建），0.3526 4～10kW，0.2848 10～50kW，0.2577 50～100kW，0.217 150～250kW，0.1899 250～5MW，0.1221 250kW＋，0.0963 独立系统，0.1221	20

续表

国家（地区）	屋顶光伏发电	地面光伏发电	建筑一体化光伏发电	执行年限
乌克兰	＜100kW，0.4069 ＞100kW，0.4204 ＞10kW，0.4204	0.3526	＜100kW，0.4069 ＞100kW，0.4204 ＞10kW，0.4204	2015 年 1月1日至 2025 年 1 月 1 日
奥地利	5～200kW，0.1430	5～200kW，0.1430	5～200kW，0.1430	
西班牙	＜20kW，0.3608 ＞20kW，0.2618	所有规模，0.1655	＜20kW，0.3838 ＞20kW，0.2618	25

资料来源：http：//www.pv-tech.cn/tariffs。

4.2.2 上网电价变化趋势分析

2014—2018 年，部分国家（地区）近年的上网电价（或批发电价）变化趋势差异较大，如表 4-5 和图 4-5 所示。

表 4-5 2014—2018 年部分国家（地区）上网电价（或批发电价）情况

本币元/（kW•h）

国家（地区）	地区（公司）	2014 年	2015 年	2016 年	2017 年	2018 年	年均增长率（%）	2018 年同比增长（%）
德国		0.033	0.032	0.028	0.034	0.042	6.0	22.1
荷兰		0.041	0.042	0.034	0.039	0.053	6.4	33.6
比利时		0.041	0.044	0.037	0.045	0.055	7.8	24.0
法国		0.035	0.039	0.037	0.045	0.051	9.6	12.3
北欧电力市场现货价格		0.030	0.021	0.027	0.029	0.044	10.4	49.6
瑞典		0.286	0.198	0.274	0.297	0.454	12.3	52.7

续表

国家（地区）	地区（公司）	2014 年	2015 年	2016 年	2017 年	2018 年	年均增长率（%）	2018 年同比增长（%）
芬兰		0.036	0.030	0.032	0.033	0.047	6.8	41.0
丹麦	西部地区	0.228	0.171	0.199	0.224	0.328	9.5	46.7
	东部地区	0.239	0.183	0.219	0.238	0.344	9.5	44.7
挪威	奥斯陆	0.228	0.177	0.243	0.271	0.419	16.4	54.8
	克里斯蒂安桑	0.228	0.177	0.234	0.269	0.415	16.2	54.5
	卑尔根	0.227	0.177	0.231	0.269	0.413	16.2	53.7
	莫尔德 & 特隆赫姆	0.264	0.190	0.267	0.275	0.423	12.6	53.7
	特罗姆瑟	0.263	0.183	0.233	0.240	0.420	12.4	74.9
澳大利亚	新南威尔士	0.052	0.035	0.052	0.081	0.082	12.0	1.3
	昆士兰	0.058	0.053	0.060	0.093	0.073	5.7	−21.7
	南澳	0.062	0.039	0.062	0.109	0.098	12.3	−9.7
	塔斯马尼亚	0.042	0.037	0.103	0.075	0.087	20.0	15.4
	维多利亚	0.051	0.030	0.046	0.067	0.092	15.7	38.7
	澳大利亚平均	0.053	0.039	0.064	0.085	0.087	12.9	1.8
美国		0.072	0.065	0.065	0.067	0.064	−2.9	−4.4
中国		**0.416**	**0.388**	**0.371**	**0.376**	**0.381**	**−2.2**	**1.2**
韩国		93.7	85.92	83.02	87.32	95.67	0.5	9.6

资料来源：1. 美国：https：//www. eia. gov/，EIA。
2. 韩国：《韩国电力》。
3. 欧洲：http：//www. nordpoolspot. com。
4. 澳大利亚：http：//www. aemo. com. au/。
5. 中国：国家能源局。

注 美国为电力重组改革后发电企业的售电均价。

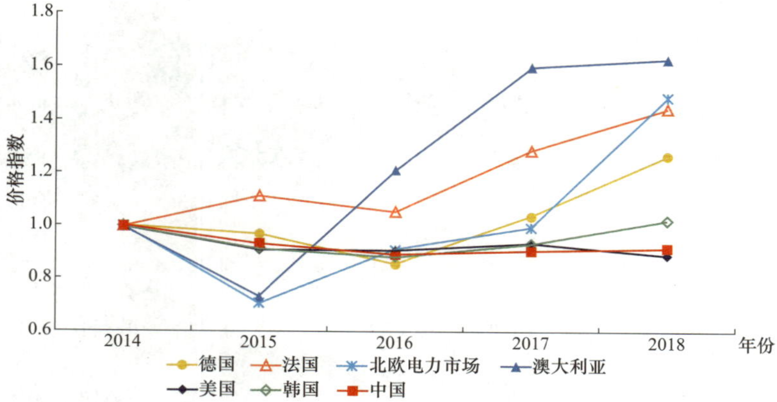

图 4-5　2014—2018 年部分国家（地区）上网电价（或批发电价）走势比较

2014 年，我国为疏导燃煤发电企业脱硝、除尘等环保电价矛盾，降低了燃煤发电企业脱硫标杆上网电价。2015 年，根据电力体制改革相关精神和煤电价格联动机制有关规定，国家发展改革委下调了燃煤发电上网电价，平均降价约 2 分/（kW·h）。2015 年，我国全年平均电煤价格指数相对于 2014 年下降约 18%，依据煤电价格联动机制有关规定，2016 年年初，全国燃煤发电上网电价平均下调 3 分/（kW·h）。2017 年，从 7 月 1 日开始，国家发展改革委取消工业企业结构调整专项资金，并降低重大水利工程建设基金和大中型水库移民后期扶持基金，相关空间通过提高燃煤电厂标杆上网电价以缓解燃煤发电企业经营困难。2018 年，相对于 2017 年下半年执行，2018 年为全年执行执行调高后的燃煤标杆电价；此外，受水电上网电量占比下降，风电、光伏上网电量占比提高等因素影响，2018 年上网电价小幅上涨。总体来说，由于目前我国仍有 60%以上的发电量由燃煤机组提供，燃煤标杆电价的调整是影响我国上网电价的主要因素，此外，电力体制改革、清洁能源开发利用将会对我国上网电价走势产生深远影响。

美国通过改革推动发电侧竞争，发电所有权和盈利模式发生改变，改革后发电厂的效率有所提高，原来分割的电网协作效率提升，对美国上网电价整体呈现下降的态势有积极影响。但市场化改革只是上网电价变化的部分原因，电源结构、燃料成本、运行维护成本等因素的影响往往大于改革影响。电源结构方面，相对于2017年，2018年美国天然气发电占比从32%上升至35%，燃煤发电占比从30%下降至27%，核电发电占比从20%下降至19%，风电、光伏发电占比从8%上升至9%，水电发电占比基本持平，约占7%。燃料价格方面，除天然气外，其他价格均呈下降趋势，天然气价格在经历2016年天然气价格低点后，2017年、2018年天然气价格呈上涨趋势，2018年美国发电用天然气价格上涨幅度约4.3%。运行维护成本方面，所有类型机组运行维护成本均呈现下降趋势。

欧洲市场批发价格影响因素较多，其批发市场价格一般由化石燃料机组确定，主要受煤炭和天然气价格影响。受到化石燃料成本下降、用电需求降低、可再生能源出力增加以及统一电力市场建设等因素影响，在2015年之前批发电价总体呈现下降趋势。2016年，从第二季度开始，受用电量上升、煤炭价格大幅上涨、核电安全检查导致核电机组容量下降等因素影响，批发市场价格整体呈现上涨趋势。2017年，主要气候因素、可再生能源发电减少、干旱缺水等因素影响，天然气发电比例上升，批发市场价格有所上升。2018年，欧洲市场批发价格上涨明显，涨幅接近50%，主要是受到碳排放价格上涨影响。相对于2017年，欧洲天然气价格上涨约30%，煤炭价格上涨约5%，碳排放价格上涨约160%。2005年欧盟建立了碳排放交易体系，主要涵盖发电供热和能源密集型产业，以应对气候变化、减低温室气体排放，但实施以来效果不佳，碳排放许可证价格较低，尤其是2008年以来部分欧洲国家经济发展速度放缓，许多免费配额被发放。2017年欧洲碳排放市场进行了改革，并计划从2021年开始大幅削减免费配额，直接导致了2018年碳排放配额不足引起碳排放价格上涨。碳排放价格上涨直接引发煤炭、天然气发电企业成本上涨，并传导至批发市场。

澳大利亚上网电价是以州为基础的，各州之间的政策方案有很大的差异，影响各州批发市场电价的主要因素往往不同，上网电价的变化存在差异且波动幅度相对较大。2014年由于电力需求的持续走弱、碳税取消导致煤电机组低成本优势凸显等原因，新南威尔士、昆士兰、南澳、塔斯马尼亚和维多利亚 5 大行政区域年度平均批发价格出现了较大幅度的下降。2015 年，受电力需求降低影响，批发市场电价继续下降。2016 年，受电力需求回升尤其是 6 月电力需求增加影响，电力批发市场价格稳中有升，其中塔斯马尼亚出现将近 3 倍的上涨主要原因在于 2015 年底连接澳大利亚本土大陆和塔斯马尼亚岛的唯一海底电缆 Basslink 故障而本地水电资源有限。2017 年，澳大利亚批发市场价格受电力需求上涨、部分电站关闭和天然气价格上涨等因素影响，整体呈上涨趋势。2018 年，昆士兰价格下降幅度较大，维多利亚价格上升明显，但整体上批发市场价格仍延续了 2017 年的高位水平。2018 年突发事件对批发市场价格的影响降低，更多的是供给结构的变化。昆士兰 Swanbank E 水电站在经历三年备用后重新投入运行，增加了市场中的低价水电，再加之昆士兰州政府向州政府拥有的机组下达了“采取措施降低批发市场价格”的指令，昆士兰批发市场价格下降明显。维多利亚 Hazelwood 电站 2017 年关闭直接导致成本较低的褐煤发电机组份额降低，2018 年水电和燃气机组发电占比提高，此外新南威尔士到维多利亚线路输送容受限也直接推高了维多利亚批发市场价格。

4.3 输配电价分析

2018 年，美国、中国、法国、德国等国家（地区）输配电价水平为 0.011～0.070 美元/（kW·h），中国处于较低水平。各国输配电价水平比较见表 4-6。

表 4-6　　2018 年部分国家（地区）输配电价水平比较　　美元/（kW·h）

国家（地区）	2018 年	国家（地区）	2018 年
日本	0.070	瑞典	0.041
爱尔兰	0.062	英国	0.038

续表

国家（地区）	2018 年	国家（地区）	2018 年
比利时	0.062	爱沙尼亚	0.038
德国	0.056	芬兰	0.037
奥地利	0.045	波兰	0.036
葡萄牙	0.045	荷兰	0.036
法国	0.043	罗马尼亚	0.033
捷克	0.043	**中国**	**0.032**
美国	0.042	韩国	0.011
丹麦	0.042	**平均**	**0.043**

资料来源：1. 美国：https：//www.eia.gov/，EIA。
2. 中国：国家能源局。
3. 韩国、日本：韩国电力、东京电力公司年报。
4. 欧洲国家：https：//ec.europa.eu/eurostat/。

注 1. 美国输配电价为重组后的输配电企业平均电价水平。
2. 韩国、日本输配电价分别为韩国电力、东京电力公司水平。
3. 欧洲国家输配电价水平为居民用户和工业用户输配电价按电量加权值。

2018 年，大部分国家输配电价呈现上涨态势，美国、中国、英国等国家的输配电价水平及变化趋势如表 4-7 和图 4-6 所示。总体来看，输配电价水平与电网投资相关，近五年全球电网投资年均约 3000 亿美元，投资主要用于发电设备和可再生能源接入工程及大规模联网工程，其中美国、中国投资占全球投资的近一半。2016 年之前，我国推进农网升级改造和县公司上划、加快了电网建设，输配电价呈现稳步增长的态势，2017 年，我国完成了省级电网输配电价的核定工作，输配电价下降。2018 年，我国输配电价进一步下降，一方面 2018 年年初完成了区域电网和跨省跨区专项工程核价工作，另一方面，为落实政府工作报告中一般工商业电价平均下降 10%的目标要求，从 2018 年 3 月起国家发展改革委密集出台了一批降价措施，其中涉及输配电价的主要包括临时性降低输配电价和降低电力行业增值税。欧洲大部分国家近年来为支撑大范围电力交易的开展和资源优化配置，开展了跨国电网以及相应各国电网建设和升级改造，直接影响输配电价上涨，其投资集中在输电网络。美国近十年来输配电价及其在总费用中的占比一直在稳步增加，2018 年美国电网投资增长率约 8%，其中约 60%的投资用于建设和升级改造配电网。

表 4-7　　2014—2018 年部分国家输配电价情况　　本币元/（kW·h）

国　家	2014 年	2015 年	2016 年	2017 年	2018 年	年均增长率（%）	2018 年同比增长（%）
爱尔兰	0.051	0.045	0.048	0.046	0.053	0.7	14.6
荷兰	0.041	0.040	0.039	0.027	0.031	−7.2	13.4
日本	5.870	6.821	6.940	7.249	7.768	7.3	7.2
奥地利	0.037	0.038	0.040	0.036	0.038	1.1	7.1
比利时	0.052	0.055	0.057	0.049	0.052	0.3	6.2
法国	0.038	0.036	0.038	0.035	0.037	−0.7	3.9
美国	0.037	0.039	0.040	0.041	0.042	3.0	1.8
芬兰	0.030	0.030	0.034	0.031	0.031	0.7	1.8
罗马尼亚	0.165	0.155	0.141	0.131	0.132	−5.4	0.5
捷克	1.538	1.529	1.488	0.924	0.929	−11.8	0.5
丹麦	0.259	0.256	0.274	0.269	0.263	0.4	−2.3
中国	**0.208**	**0.218**	**0.219**	**0.216**	**0.210**	**0.2**	**−2.6**
澳大利亚	0.139	0.134	0.122	0.136	0.132	−1.2	−3.0
德国	0.041	0.044	0.048	0.049	0.048	3.6	−3.4
瑞典	0.456	0.500	0.533	0.371	0.358	−5.9	−3.7
爱沙尼亚	0.038	0.037	0.038	0.034	0.032	−3.8	−4.7
英国	0.031	0.028	0.027	0.031	0.029	−2.2	−6.9
波兰	0.167	0.169	0.160	0.143	0.131	−5.9	−8.5

续表

国　家	2014 年	2015 年	2016 年	2017 年	2018 年	年均增长率(%)	2018 年同比增长(%)
葡萄牙	0.050	0.042	0.047	0.043	0.038	-6.6	-10.7
韩国	15.977	23.323	25.649	20.192	11.889	-7.1	-41.1

资料来源：1. 美国：https：//www.eia.gov/，EIA。
2. 中国：国家能源局。
3. 欧洲国家：https：//ec.europa.eu/eurostat/。
4. 澳大利亚：AEMC Residential Electricity Price Trends Review。

注　1. 美国输配电价为重组后的输配电企业平均电价水平。
2. 除美国、中国外，其他国家输配电价为工业与居民用户按电量加权的平均输配电价。
3. 澳大利亚输配电价为居民输配电价。

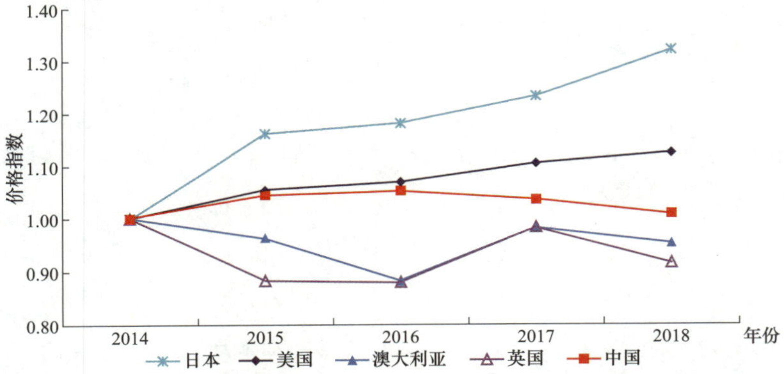

图 4-6　部分国家输配电价近年走势比较

4.4　销售电价分析

4.4.1　销售电价总水平

2018 年，美国、中国等五国的所有用户平均销售电价水平为 0.062～0.134 美元/（kW·h），中国的价格仅高于南非。29 个国家（地区）的工业电价与居民电价按电量加权平均电价水平为 0.081～0.199 美元/（kW•h），中国电价为 0.092 美元/（kW•h），详细数据见表 4－8。

表 4－8　　2018 年部分国家（地区）销售电价水平比较　　美元/（kW•h）

国家（地区）	2018 年	国家（地区）	2018 年
总水平			
新西兰	0.134	**中国**	**0.095**
美国	0.106	南非	0.062
韩国	0.099	**平均**	**0.099**
居民与工业用户销售电价按电量加权平均水平			
丹麦	0.199	爱沙尼亚	0.117
意大利	0.197	斯洛文尼亚	0.116
德国	0.196	瑞典	0.113
日本	0.195	芬兰	0.112
西班牙	0.181	波兰	0.111
比利时	0.178	美国	0.105
英国	0.171	匈牙利	0.105
葡萄牙	0.170	韩国	0.102
爱尔兰	0.168	卢森堡	0.099
斯洛伐克	0.148	加拿大	0.097
法国	0.147	**中国**	**0.092**
奥地利	0.142	挪威	0.090
希腊	0.137	土耳其	0.089
捷克	0.119	墨西哥	0.081
荷兰	0.117	**平均**	**0.134**

资料来源：1. 美国：https：//www.eia.gov/，EIA。
2. 韩国：《韩国电力》。
3. 中国：国家能源局。
4. 新西兰：http：//www.med.govt.nz/。
5. 南非：http：//www.eskom.co.za/CustomerCare/TariffsAndCharges/Pages。
6. 墨西哥：http：//sie.energia.gob.mx/。
7. 加拿大：http：//oee.nrcan.gc.ca。

注　1. 销售电价中均含基金和附加。
2. 韩国、南非销售电价的平均水平是售电总收入与售电量的比值。

2014—2018 年，美国、中国等五国中，南非年均电价涨幅最高，达 7.1%，中国电价涨幅最低，为-0.9%。部分国家（地区）的平均销售电价水平、居民与工业用户销售电价按电量加权水平的变化趋势如表 4-9、图 4-7 和图 4-8 所示。

表 4-9　　2014—2018 年部分国家平均销售电价情况　　本币元/（kW·h）

国　家	2014 年	2015 年	2016 年	2017 年	2018 年	年均增长率（%）	2018 年同比增长（%）
总水平							
南非	0.628	0.676	0.754	0.818	0.825	7.1	0.9
新西兰	0.186	0.190	0.183	0.183	0.194	1.0	5.7
美国	0.104	0.104	0.103	0.105	0.106	0.3	1.0
韩国	111.275	111.575	111.234	109.531	108.748	-0.6	-0.7
中国	**0.686**	**0.683**	**0.661**	**0.646**	**0.631**	**-2.1**	**-2.2**
居民与工业用户销售电价按电量加权平均水平							
挪威	0.490	0.440	0.523	0.558	0.734	10.6	31.6
土耳其	0.305	0.325	0.337	0.337	0.427	8.8	26.8
加拿大	0.098	0.099	0.121	0.123	0.126	6.4	2.0
瑞典	0.861	0.813	0.848	0.877	0.986	3.4	12.4
比利时	0.133	0.136	0.151	0.156	0.151	3.2	-3.3
英国	0.115	0.114	0.112	0.117	0.128	2.8	9.0
丹麦	1.144	1.117	1.162	1.078	1.259	2.4	16.8
波兰	0.375	0.395	0.384	0.388	0.400	1.6	3.0
法国	0.118	0.124	0.121	0.123	0.125	1.3	1.5
墨西哥	1.487	1.265	1.273	1.529	1.557	1.1	1.8

续表

国　家	2014 年	2015 年	2016 年	2017 年	2018 年	年均增长率 (%)	2018 年同比增长 (%)
芬兰	**0.092**	**0.090**	**0.090**	**0.091**	**0.094**	**0.8**	**3.6**
美国	0.103	0.103	0.102	0.104	0.105	0.7	1.3
爱沙尼亚	0.098	0.097	0.093	0.093	0.099	0.3	6.6
葡萄牙	0.144	0.144	0.146	0.140	0.144	0.1	3.0
斯洛伐克	0.128	0.125	0.121	0.120	0.126	−0.4	4.4
西班牙	0.156	0.136	0.145	0.148	0.153	−0.5	3.4
韩国	116.815	117.049	116.407	113.705	112.613	−0.9	−1.0
德国	0.173	0.171	0.168	0.170	0.166	−1.1	−2.4
卢森堡	0.089	0.082	0.078	0.081	0.084	−1.5	4.2
日本	22.930	22.943	20.590	21.379	21.516	−1.6	0.6
斯洛文尼亚	0.105	0.099	0.097	0.094	0.098	−1.6	5.0
奥地利	0.129	0.125	0.124	0.119	0.120	−1.6	0.8
匈牙利	31.038	30.139	28.176	27.465	28.339	−2.2	3.2
中国	**0.675**	**0.663**	**0.665**	**0.617**	**0.610**	**−2.5**	**−1.1**
捷克	2.857	2.743	2.607	2.519	2.580	−2.5	2.4
爱尔兰	0.159	0.153	0.141	0.142	0.142	−2.7	0.5
荷兰	0.111	0.102	0.093	0.092	0.099	−2.7	7.9
希腊	0.131	0.122	0.119	0.124	0.116	−3.0	−6.8
意大利	0.192	0.187	0.185	0.174	0.167	−3.5	−3.8

资料来源：1. 美国：https：//www.eia.gov/，EIA。
2. 韩国：《韩国电力》。
3. 中国：国家能源局。
4. 新西兰：http：//www.med.govt.nz/。
5. 南非：http：//www.eskom.co.za/CustomerCare/TariffsAndCharges/Pages。
6. 墨西哥：http：//sie.energia.gob.mx/。
7. 加拿大：http：//oee.nrcan.gc.ca。

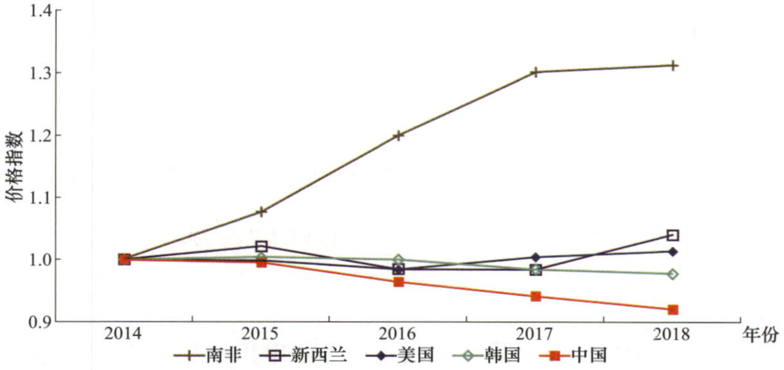

图 4-7　2014—2018 年部分国家销售电价总水平走势比较

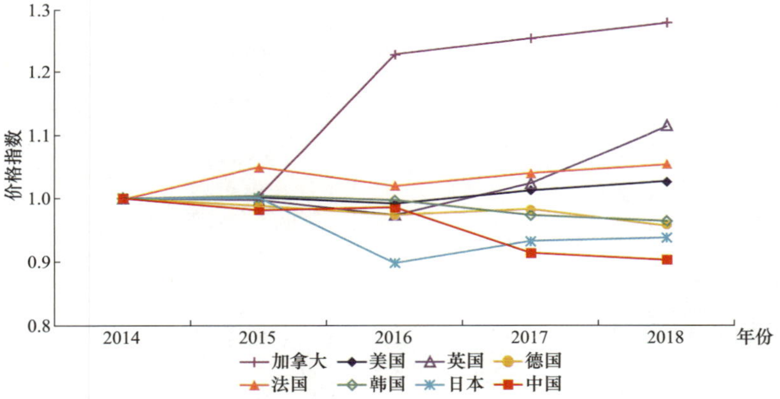

图 4-8　2014—2018 年部分国家平均销售电价走势比较

2018 年，世界主要国家销售电价出现小幅上涨。挪威、土耳其、丹麦、瑞典、英国销售电价出现了大幅上涨，上涨幅度超过 8%。挪威销售电价虽然上涨明显但由于其国内拥有大量的低价水电资源，在欧洲仍处于较低水平，但受水库蓄水减少、进口电力价格上涨及煤炭、天然气价格上涨因素影响，2018 年销售电价上涨明显，融入欧洲电力市场也将挪威暴露在较高的电价环境之中。因推行低碳发展政策，英国低碳电源发电持续增加，从 2017 年开始，英国低碳电源发电比例超过 50%，受低碳电源成本特性及补贴政策影响，批发市场价格上涨并传导到终端用户。中国受电力市场改革、电源结构变化、降低一般工商业电价等因素影响，销售电价下降。

4.4.2 分类销售电价

（一）工业电价

2018 年，32 个国家（地区）的工业电价水平为 0.053～0.174 美元/（kW•h），其比较见表 4-10。意大利的工业电价水平在所列国家中最高，为 0.174 美元/（kW•h）；中国的工业电价为 0.095 美元/（kW•h），处于中等水平。

表 4-10　2018 年部分国家（地区）工业电价水平比较　美元/（kW•h）

国家（地区）	2018 年	国家（地区）	2018 年
意大利	0.174	捷克	0.096
日本	0.161	波兰	0.096
智利	0.159	**中国**	**0.095**
德国	0.145	匈牙利	0.094
斯洛伐克	0.141	斯洛文尼亚	0.093
英国	0.139	荷兰	0.093
比利时	0.137	丹麦	0.093
葡萄牙	0.135	墨西哥	0.089
爱尔兰	0.129	土耳其	0.084
西班牙	0.127	加拿大	0.084
瑞士	0.122	卢森堡	0.084
法国	0.116	芬兰	0.079
奥地利	0.110	瑞典	0.070
希腊	0.104	美国	0.069
爱沙尼亚	0.103	挪威	0.068
韩国	0.100	南非	0.053
平均	**0.108**		

资料来源：《Energy Prices and Taxes，2nd Quarter 2019》，IEA。

2018年，27个国家（地区）不含税（消费税和增值税）的工业电价为0.055～0.157美元/（kW·h），日本最高，挪威最低，中国位居第15位，各国工业电价税费构成如表4-11和图4-9所示。这些国家的工业电价中，税价以消费税为主，占含税价的比例为0.7%～48.3%，德国、意大利等欧洲发达国家税价占比较高。

表4-11　2018年部分国家（地区）工业电价及税费构成比较　美元/（kW·h）

国家（地区）	不含税价格	消费税	增值税	含税价格	税价占含税价比例（%）
意大利	0.115	0.059	—	0.174	33.9
日本	0.157	0.004	—	0.161	2.5
德国	0.075	0.070	—	0.145	48.3
斯洛伐克	0.140	0.001	—	0.141	0.7
英国	0.134	0.005	—	0.139	3.6
比利时	0.102	0.035	—	0.137	25.5
葡萄牙	0.094	0.041	—	0.135	30.4
西班牙	0.121	0.006	—	0.127	4.7
瑞士	0.099	0.023	—	0.122	18.9
法国	0.091	0.025	—	0.116	21.6
奥地利	0.080	0.030	—	0.110	27.3
希腊	0.081	0.023	—	0.104	22.1
爱沙尼亚	0.087	0.016	—	0.103	15.5
韩国	0.097	0.003	—	0.100	3.0
捷克	0.095	0.001	—	0.096	1.0
波兰	0.090	0.006	—	0.096	6.3
中国	**0.082**	**—**	**0.013**	**0.095**	**13.7**
匈牙利	0.090	0.004	—	0.094	4.3

续表

国家（地区）	不含税价格	消费税	增值税	含税价格	税价占含税价比例（%）
斯洛文尼亚	0.079	0.014	—	0.093	15.1
荷兰	0.070	0.023	—	0.093	24.7
丹麦	0.069	0.024	—	0.093	25.8
土耳其	0.070	0.001	0.013	0.084	16.7
加拿大	0.074	—	—	0.084	11.9
卢森堡	0.072	0.012	—	0.084	14.3
芬兰	0.070	0.009	—	0.079	11.4
瑞典	0.069	0.001	—	0.070	1.4
挪威	0.055	—	0.013	0.068	19.1
平均	**0.091**	—	—	**0.109**	—

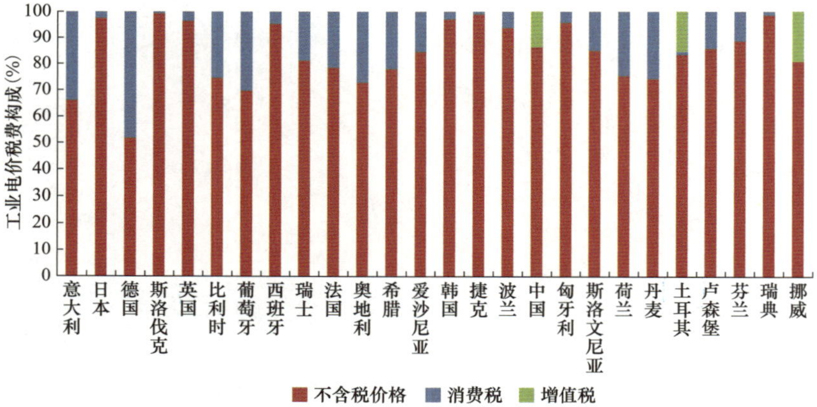

图 4－9　2018 年部分国家（地区）工业电价税费构成比较

2014—2018 年 32 个国家（地区）工业电价如表 4－12 和图 4－10 所示，这五年各国价格水平涨跌不一，年均增长率为－4.8%～14.5%，中国价格跌幅较小。2018 年，挪威工业电价涨幅最高，超过 45%；意大利、希腊的工业电价跌幅最大，跌幅超过 5%。

表 4-12　　2014—2018 年部分国家（地区）工业电价情况　本币元/（kW·h）

国家（地区）	2014 年	2015 年	2016 年	2017 年	2018 年	年均增长率（%）	2018 年同比增长（%）
智利	59.255	75.009	84.320	91.059	101.835	14.5	11.8
挪威	0.344	0.285	0.356	0.377	0.554	12.6	47.1
土耳其	0.286	0.305	0.319	0.319	0.406	9.1	27.2
南非	0.518	0.568	0.626	0.677	0.700	7.8	3.4
加拿大	0.089	0.082	0.104	0.109	0.109	5.2	0.1
英国	0.094	0.095	0.093	0.097	0.104	2.7	7.9
波兰	0.315	0.338	0.326	0.331	0.345	2.3	4.3
瑞典	0.561	0.496	0.515	0.534	0.606	2.0	13.5
墨西哥	1.616	1.297	1.313	1.678	1.717	1.5	2.3
比利时	0.114	0.113	0.118	0.121	0.116	0.4	-4.3
瑞士	0.118	0.118	0.132	0.122	0.119	0.3	-2.1
斯洛伐克	0.120	0.118	0.113	0.114	0.120	0.0	4.7
韩国	110.783	111.384	111.073	111.382	110.395	-0.1	-0.9
法国	0.100	0.103	0.096	0.098	0.099	-0.2	0.4
爱沙尼亚	0.089	0.088	0.086	0.083	0.087	-0.5	4.4
美国	0.071	0.069	0.068	0.069	0.069	-0.6	0.4
葡萄牙	0.117	0.115	0.113	0.109	0.115	-0.6	4.8
芬兰	0.070	0.067	0.066	0.065	0.066	-1.3	3.0
卢森堡	0.075	0.065	0.062	0.068	0.071	-1.3	3.7
德国	0.132	0.131	0.127	0.127	0.123	-1.7	-2.8
西班牙	0.117	0.113	0.105	0.102	0.108	-2.0	5.4
奥地利	0.102	0.098	0.096	0.091	0.093	-2.1	2.2

续表

国家（地区）	2014 年	2015 年	2016 年	2017 年	2018 年	年均增长率（%）	2018 年同比增长（%）
斯洛文尼亚	0.087	0.079	0.076	0.073	0.079	−2.3	8.3
中国	**0.695**	**0.683**	**0.692**	**0.634**	**0.626**	**−2.6**	**−1.3**
日本	19.913	19.601	17.747	18.285	17.743	−2.8	−3.0
匈牙利	28.679	27.842	25.283	24.333	25.494	−2.9	4.8
荷兰	0.089	0.081	0.077	0.077	0.079	−3.0	2.9
爱尔兰	0.125	0.119	0.107	0.110	0.109	−3.5	−0.9
丹麦	0.680	0.645	0.661	0.606	0.587	−3.6	−3.1
意大利	0.178	0.170	0.167	0.157	0.148	−4.5	−5.9
希腊	0.108	0.095	0.090	0.095	0.089	−4.8	−6.9
捷克	2.550	2.402	2.185	2.069	2.094	−4.8	1.2

资料来源：《Energy Prices and Taxes，2nd Quarter 2019》，IEA。

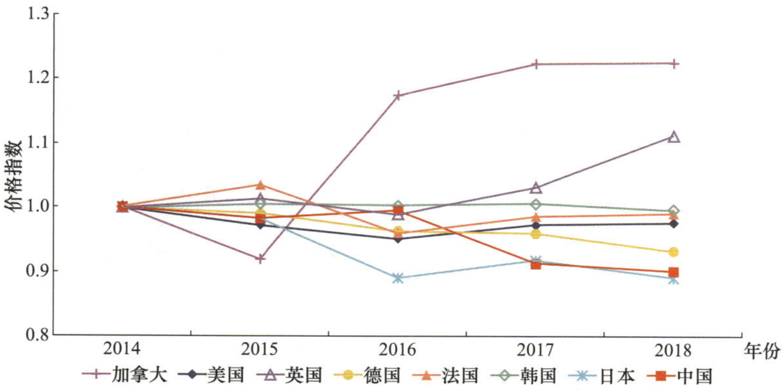

图 4-10　2014—2018 年部分国家（地区）工业电价走势比较

（二）居民电价

2018 年，34 个国家（地区）的居民电价见表 4-13，其水平为 0.063～0.441 美元/（kW·h），中国居民电价为 0.080 美元/（kW·h），位于倒数第二位。

表 4 - 13　　2018 年部分国家（地区）居民电价水平比较　　美元/（kW•h）

国家（地区）	2018 年	国家（地区）	2018 年
丹麦	0.441	瑞典	0.196
德国	0.353	希腊	0.196
比利时	0.329	卢森堡	0.191
西班牙	0.312	斯洛文尼亚	0.187
意大利	0.280	捷克	0.183
葡萄牙	0.268	斯洛伐克	0.180
爱尔兰	0.257	波兰	0.172
澳大利亚	0.249	爱沙尼亚	0.159
日本	0.239	挪威	0.136
英国	0.231	匈牙利	0.131
奥地利	0.230	美国	0.129
瑞士	0.212	加拿大	0.113
荷兰	0.211	韩国	0.110
法国	0.202	土耳其	0.104
新西兰	0.201	南非	0.090
芬兰	0.199	**中国**	**0.080**
智利	0.197	墨西哥	0.063
平均	0.201		

资料来源：《Energy Prices and Taxes，2nd Quarter 2019》，IEA。

2018 年，31 个国家（地区）不含税（消费税和增值税）的居民电价为 0.054～0.245 美元/（kW•h），西班牙最高，墨西哥最低，中国位于倒数第二位，这些国家（地区）的居民电价税费构成如表 4 - 14 和图 4 - 11 所示。这些国家（地区）的居民电价中，税价占含税价的比例为 4.8%～70.3%，德国、丹麦、比利时、意大利、葡萄牙等欧洲国家较高，均超过 30%；中国税价比重为

13.4%，属于中等偏低水平。

表 4-14　2018 年部分国家（地区）居民电价及税费构成比较　美元/（kW•h）

国家（地区）	不含税价格	消费税	增值税	含税价格	税价占含税价比例（%）
丹麦	0.131	0.222	0.088	0.441	70.3
德国	0.163	0.134	0.056	0.353	53.8
比利时	0.226	0.047	0.056	0.329	31.3
西班牙	0.245	0.013	0.054	0.312	21.5
意大利	0.191	0.063	0.026	0.280	31.8
葡萄牙	0.120	0.098	0.050	0.268	55.2
爱尔兰	0.226	—	0.031	0.257	12.1
澳大利亚	0.226	—	0.023	0.249	9.2
日本	0.218	0.003	0.018	0.239	8.8
英国	0.220	—	0.011	0.231	4.8
奥地利	0.145	0.047	0.038	0.230	37.0
瑞士	0.173	0.024	0.015	0.212	18.4
荷兰	0.157	0.017	0.037	0.211	25.6
法国	0.130	0.042	0.030	0.202	35.6
新西兰	0.175	—	0.026	0.201	12.9
芬兰	0.134	0.026	0.039	0.199	32.7
智利	0.166	—	0.031	0.197	15.7
瑞典	0.120	0.037	0.039	0.196	38.8
希腊	0.133	0.040	0.023	0.196	32.1
卢森堡	0.146	0.031	0.014	0.191	23.6
斯洛文尼亚	0.129	0.024	0.034	0.187	31.0
捷克	0.150	0.001	0.032	0.183	18.0

续表

国家（地区）	不含税价格	消费税	增值税	含税价格	税价占含税价比例（%）
斯洛伐克	0.150	—	0.030	0.180	16.7
波兰	0.134	0.006	0.032	0.172	22.1
爱沙尼亚	0.116	0.017	0.026	0.159	27.0
挪威	0.089	0.020	0.027	0.136	34.6
匈牙利	0.103	—	0.028	0.131	21.4
韩国	0.097	0.003	0.010	0.110	11.8
土耳其	0.084	0.004	0.016	0.104	19.2
中国	**0.071**	**—**	**0.011**	**0.082**	**13.4**
墨西哥	0.054	—	0.009	0.063	14.3
平均	**0.149**	—	—	**0.210**	—

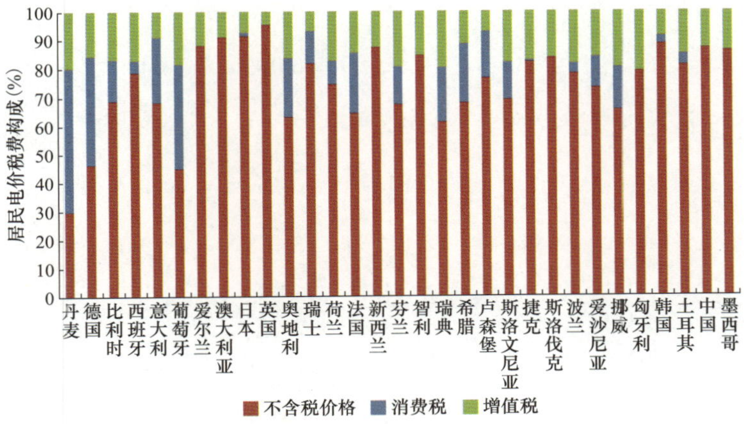

图 4-11　2018 年部分国家（地区）居民电价税费构成比较

2014—2018 年，34 个国家（地区）居民电价情况如表 4-15 和图 4-12 所示。智利、比利时、挪威、土耳其、加拿大居民电价增长较快，年均增长均大于 7%。2018 年，丹麦居民电价涨幅最高，涨幅为 29.6%；希腊跌幅最大，跌幅为 6.7%；中国居民电价以 0.1%的幅度上涨。

表 4 - 15　　2014—2018 年部分国家（地区）居民电价情况　本币元/（kW·h）

国家（地区）	2014 年	2015 年	2016 年	2017 年	2018 年	年均增长率（%）	2018 年同比增长（%）
智利	86.417	103.284	114.533	129.299	126.441	10.0	−2.2
比利时	0.197	0.216	0.264	0.284	0.278	9.0	−1.8
挪威	0.801	0.762	0.878	0.933	1.107	8.4	18.7
土耳其	0.371	0.396	0.400	0.400	0.503	7.9	25.6
加拿大	0.109	0.119	0.141	0.141	0.146	7.7	3.5
丹麦	2.128	2.117	2.221	2.148	2.784	6.9	29.6
南非	0.924	0.981	1.081	1.186	1.186	6.4	0.0
瑞典	1.471	1.438	1.490	1.524	1.703	3.7	11.7
英国	0.154	0.151	0.147	0.157	0.174	3.0	10.4
法国	0.153	0.162	0.165	0.167	0.171	2.8	2.5
芬兰	0.152	0.152	0.153	0.162	0.169	2.7	4.2
瑞士	0.192	0.198	0.200	0.201	0.207	2.0	3.1
西班牙	0.246	0.192	0.243	0.260	0.264	1.8	1.5
捷克	3.749	3.736	3.812	3.818	3.981	1.5	4.3
澳大利亚	0.314	0.282	0.272	0.309	0.333	1.4	7.5
爱沙尼亚	0.127	0.126	0.118	0.121	0.134	1.4	11.1
葡萄牙	0.220	0.228	0.232	0.226	0.227	0.7	0.6
美国	0.125	0.127	0.125	0.129	0.129	0.7	−0.1
波兰	0.606	0.618	0.612	0.620	0.622	0.6	0.3
新西兰	0.284	0.282	0.286	0.290	0.291	0.6	0.3
墨西哥	1.199	1.196	1.187	1.203	1.207	0.2	0.3
德国	0.298	0.295	0.297	0.305	0.299	0.1	−1.8

续表

国家（地区）	2014 年	2015 年	2016 年	2017 年	2018 年	年均增长率（%）	2018 年同比增长（%）
斯洛文尼亚	0.160	0.159	0.160	0.158	0.159	−0.3	0.3
日本	26.808	27.239	24.295	25.376	26.389	−0.4	4.0
卢森堡	0.166	0.170	0.164	0.154	0.162	−0.5	5.4
意大利	0.244	0.247	0.250	0.234	0.237	−0.8	1.5
奥地利	0.201	0.200	0.202	0.197	0.195	−0.8	−0.9
匈牙利	36.804	35.775	35.387	35.369	35.519	−0.9	0.4
中国	**0.557**	**0.548**	**0.526**	**0.529**	**0.529**	**−1.3**	**0.1**
斯洛伐克	0.161	0.154	0.154	0.148	0.153	−1.4	3.3
爱尔兰	0.230	0.228	0.220	0.213	0.218	−1.4	2.2
荷兰	0.190	0.187	0.159	0.152	0.179	−1.6	17.9
希腊	0.178	0.177	0.172	0.178	0.166	−1.7	−6.7
韩国	142.284	140.636	138.168	123.369	121.514	−3.9	−1.5

资料来源：《Energy Prices and Taxes，2nd Quarter 2019》，IEA。

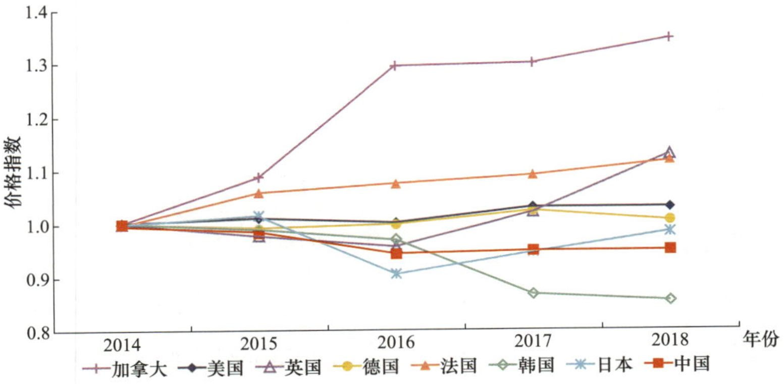

图 4-12　2014—2018 年部分国家（地区）居民电价走势比较

4.5 实际电价变化分析

将名义电价按当年汇率折算进行比较，虽然简单明了，但是折算后的名义电价包含了汇率因素和通货膨胀因素的影响，无法反映出两国的电力行业竞争力（或生产效率）的真实水平变化。对于汇率因素影响，以美国为例，2015 年美国的到户电价为 10.41 美分/（kW•h），按照当年汇率折算为 0.6484 元/（kW•h）；2016 年美国的到户电价为 10.30 美分/（kW•h）低于 2015 年水平，按照当年汇率折算为 0.6842 元/（kW•h）反而高于 2015 年水平。对于通货膨胀因素影响，通货膨胀除了通过市场作用影响电力行业的发电成本及输配电成本外，大多数电力市场化国家均在输配电定价办法中明确考虑通货膨胀因素影响。

实际电价的变化情况可在去除通货膨胀因素和汇率变动因素后获得。首先将以本币计的名义电价去除通货膨胀因素后得到实际电价，然后将历年实际电价的价格指数进行趋势比较。该方法需要数年间的电价数据作为支撑，但可以透过汇率波动和通胀变化造成的价格波动表象揭示各国电力行业竞争力的真实变化情况。下面以销售电价平均水平、工业用户电价和居民用户电价作为分析实例。

4.5.1 销售电价总水平

2014—2018 年 31 个国家（地区）名义销售电价如表 4-9 和图 4-7、图 4-8 所示，去除通货膨胀影响后所得到的实际销售电价如表 4-16 和图 4-13、图 4-14所示。表 4-16 与表 4-9 对比可见，在剔除通货膨胀因素后，5 个有销售电价总水平数据的国家销售电价年均增长率均不同程度降低；29 个国家（地区）中，除希腊外，居民与工业用户按电量加权的实际销售电价的年平均增长率均不同程度下降，平均增长率为负的国家（地区）数量由 15 个增加到 20 个。土耳其里拉危机导致货币大幅贬值，国内通货膨胀极为严重，去除通货膨胀影响后，其电价由名义年均增长率8.8%变为实际年均增长率-1.7%，变化最大；名义电价年均增长率为0.7%的美国实际销售电价总水平年平均增长率为-0.8%；我国名义电价基本保持稳定（年均增长率为-0.9%），实际电价下降明显（年均增长率为-2.7%）。

表4-16　2014—2018年部分国家实际销售电价情况　本币元/（kW·h）

国　家	2014年	2015年	2016年	2017年	2018年	年均增长率（%）	2018年同比增长（%）
总水平							
南非	0.628	0.647	0.677	0.698	0.674	1.8	-3.5
新西兰	0.186	0.190	0.182	0.178	0.185	-0.1	4.1
美国	0.104	0.104	0.101	0.101	0.100	-1.1	-1.5
韩国	111.275	110.792	109.391	105.662	103.381	-1.8	-2.2
中国	**0.686**	**0.673**	**0.639**	**0.614**	**0.588**	**-3.8**	**-4.2**
居民与工业用户实际销售电价按电量加权平均水平							
挪威	0.490	0.431	0.494	0.517	0.663	7.9	28.1
加拿大	0.098	0.098	0.118	0.118	0.118	4.7	-0.2
瑞典	0.861	0.813	0.840	0.853	0.941	2.2	10.3
丹麦	1.144	1.112	1.154	1.058	1.226	1.8	15.9
比利时	0.133	0.135	0.147	0.149	0.141	1.5	-5.3
英国	0.115	0.114	0.110	0.113	0.120	1.2	6.6
波兰	0.375	0.399	0.390	0.387	0.391	1.0	1.2
法国	0.118	0.124	0.120	0.121	0.121	0.6	-0.4
芬兰	0.092	0.090	0.090	0.090	0.093	0.3	2.5

续表

国　家	2014 年	2015 年	2016 年	2017 年	2018 年	年均增长率（%）	2018 年同比增长（%）
葡萄牙	0.144	0.143	0.144	0.137	0.139	－0.8	2.0
美国	0.103	0.103	0.100	0.100	0.099	－0.8	－1.1
斯洛伐克	0.128	0.125	0.122	0.120	0.122	－1.1	1.8
西班牙	0.156	0.137	0.146	0.146	0.149	－1.2	1.7
爱沙尼亚	0.098	0.098	0.094	0.090	0.093	－1.3	3.0
土耳其	0.305	0.302	0.291	0.261	0.285	－1.7	9.0
日本	22.930	22.763	20.452	21.138	21.066	－2.1	－0.3
德国	0.173	0.170	0.167	0.166	0.159	－2.1	－4.0
韩国	116.815	116.228	114.478	109.689	107.055	－2.2	－2.4
斯洛文尼亚	0.105	0.100	0.097	0.093	0.096	－2.2	3.2
卢森堡	0.089	0.081	0.077	0.079	0.081	－2.5	2.6
爱尔兰	0.159	0.154	0.142	0.141	0.141	－2.8	0.0
希腊	0.131	0.125	0.123	0.126	0.117	－2.8	－7.4
墨西哥	1.487	1.232	1.205	1.365	1.325	－2.8	－2.9
奥地利	0.129	0.124	0.122	0.115	0.114	－3.1	－1.1
匈牙利	31.038	30.157	28.082	26.746	26.832	－3.6	0.3
荷兰	0.111	0.102	0.093	0.090	0.095	－3.7	6.1
捷克	2.857	2.734	2.581	2.435	2.441	－3.9	0.3
意大利	0.192	0.187	0.185	0.172	0.163	－4.0	－4.9
中国	**0.675**	**0.653**	**0.643**	**0.587**	**0.568**	**－4.2**	**－3.1**

资料来源：https：//data.worldbank.org/indicator/FP.CPI.TOTL。

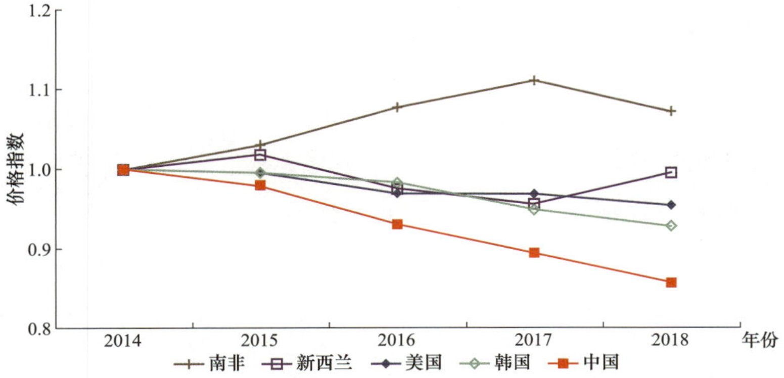

图 4-13 2014—2018 年部分国家实际销售电价总水平走势比较

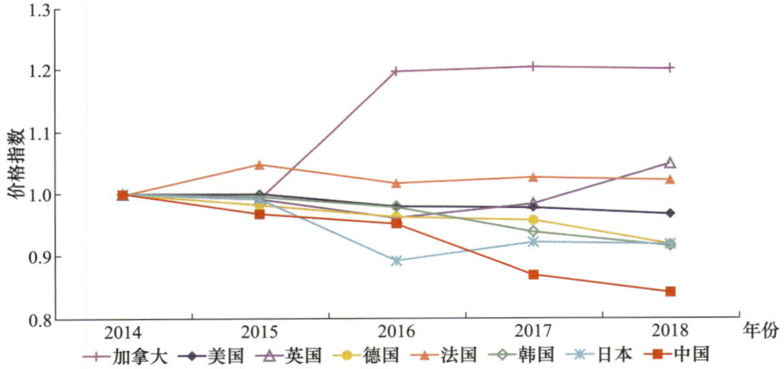

图 4-14 2014—2018 年部分国家实际平均销售电价走势比较

4.5.2 分类销售电价

（一）工业电价

2014—2018 年 32 个国家（地区）工业电价（表 4-12 和图 4-10）去除通货膨胀影响后所得到的实际电价如表 4-17 和图 4-15 所示。表 4-17 与表 4-12 对比可见，在剔除通货膨胀因素后工业电价年均增长率为负的国家（或地区）数量由 20 个变为 24 个，即实际上大多数国家电力行业对工业提供支撑的竞争力水平是提高的。土耳其剔除通胀因素后，其工业电价年均增长率由 9.1%变为-1.4%。

表 4 - 17　　2014—2018 年部分国家（地区）工业实际电价情况

本币元/（kW•h）

国家（地区）	2014 年	2015 年	2016 年	2017 年	2018 年	年均增长率（%）	2018 年同比增长（%）
智利	59.255	71.883	77.858	82.284	89.835	11.0	9.2
挪威	0.344	0.279	0.337	0.349	0.500	9.8	43.2
加拿大	0.089	0.081	0.102	0.104	0.102	3.5	-2.1
南非	0.518	0.544	0.562	0.578	0.572	2.5	-1.1
波兰	0.315	0.341	0.332	0.329	0.337	1.7	2.5
英国	0.094	0.095	0.092	0.093	0.098	1.1	5.4
瑞典	0.561	0.496	0.511	0.520	0.579	0.8	11.3
瑞士	0.118	0.119	0.134	0.123	0.119	0.4	-3.0
斯洛伐克	0.120	0.118	0.114	0.114	0.116	-0.7	2.1
法国	0.100	0.103	0.095	0.097	0.096	-1.0	-1.4
比利时	0.114	0.112	0.115	0.115	0.108	-1.3	-6.2
韩国	110.783	110.603	109.233	107.448	104.946	-1.3	-2.3
土耳其	0.286	0.283	0.275	0.248	0.271	-1.4	9.4
葡萄牙	0.117	0.114	0.112	0.107	0.111	-1.5	3.8
芬兰	0.070	0.067	0.066	0.064	0.065	-1.8	1.9
美国	0.071	0.069	0.067	0.067	0.065	-2.0	-2.0
爱沙尼亚	0.089	0.089	0.086	0.081	0.082	-2.1	0.9
卢森堡	0.075	0.064	0.062	0.067	0.068	-2.3	2.2
墨西哥	1.616	1.262	1.243	1.498	1.461	-2.5	-2.5
西班牙	0.117	0.114	0.105	0.101	0.105	-2.7	3.7
德国	0.132	0.130	0.126	0.124	0.118	-2.8	-4.5

续表

国家（地区）	2014 年	2015 年	2016 年	2017 年	2018 年	年均增长率（%）	2018 年同比增长（%）
斯洛文尼亚	0.087	0.080	0.076	0.072	0.077	−2.9	6.5
日本	19.913	19.448	17.629	18.078	17.373	−3.4	−3.9
奥地利	0.102	0.097	0.094	0.088	0.088	−3.5	0.2
爱尔兰	0.125	0.120	0.107	0.110	0.108	−3.6	−1.4
荷兰	0.089	0.080	0.076	0.075	0.076	−4.0	1.1
匈牙利	28.679	27.859	25.199	23.696	24.139	−4.2	1.9
丹麦	0.680	0.642	0.657	0.595	0.572	−4.3	−3.9
中国	**0.695**	**0.674**	**0.669**	**0.604**	**0.584**	**−4.3**	**−3.3**
希腊	0.108	0.097	0.092	0.096	0.089	−4.6	−7.5
意大利	0.178	0.170	0.167	0.155	0.144	−5.1	−7.0
捷克	2.550	2.395	2.163	2.000	1.982	−6.1	−0.9

资料来源：1.《Energy Prices and Taxes，2nd Quarter 2019》，IEA。
2. https：//data. worldbank. org/indicator/FP. CPI. TOTL。

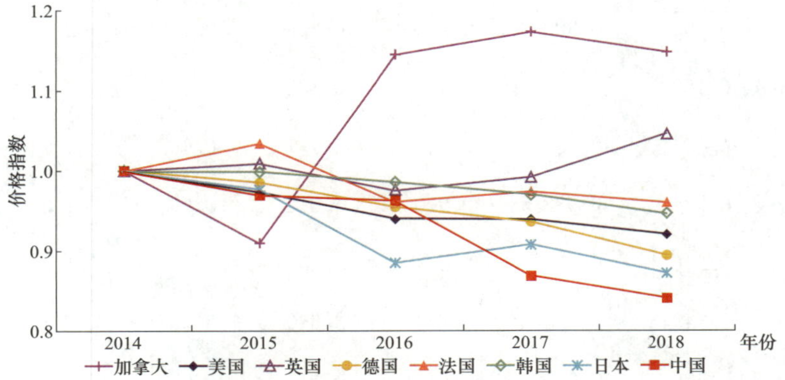

图 4－15　2014—2018 年部分国家（地区）工业实际电价走势比较

（二）居民电价

2014—2018年，34个国家（地区）近年的居民电价如表4-15和图4-12所示。去除通货膨胀影响后所得到的实际电价如表4-18和图4-16所示。表4-18与表4-15对比可见，在剔除通货膨胀因素后居民电价年均增长率为负的国家（或地区）数量由12个改为20个，土耳其为去除通货膨胀影响前后增长率变化最大的国家。

表4-18　　2014—2018年部分国家（地区）居民实际电价情况

本币元/（kW·h）

国家（地区）	2014年	2015年	2016年	2017年	2018年	年均增长率（%）	2018年同比增长（%）
比利时	0.197	0.215	0.258	0.271	0.261	7.2	−3.8
智利	86.417	98.980	105.756	116.840	111.542	6.6	−4.5
丹麦	2.128	2.108	2.205	2.109	2.711	6.2	28.5
加拿大	0.109	0.117	0.137	0.136	0.137	6.0	1.2
挪威	0.801	0.746	0.829	0.865	1.000	5.7	15.5
瑞典	1.471	1.439	1.477	1.484	1.626	2.5	9.6
芬兰	0.152	0.153	0.153	0.161	0.165	2.2	3.1
瑞士	0.192	0.200	0.203	0.203	0.208	2.0	2.2
法国	0.153	0.162	0.164	0.165	0.166	2.0	0.7
英国	0.154	0.150	0.145	0.151	0.163	1.5	7.9
南非	0.924	0.938	0.970	1.012	0.968	1.2	−4.3
西班牙	0.246	0.193	0.244	0.257	0.256	1.0	−0.1
捷克	3.749	3.724	3.774	3.690	3.767	0.1	2.1
波兰	0.606	0.623	0.622	0.617	0.607	0.1	−1.5
葡萄牙	0.220	0.227	0.230	0.220	0.219	−0.1	−0.4

续表

国家（地区）	2014年	2015年	2016年	2017年	2018年	年均增长率（%）	2018年同比增长（%）
澳大利亚	0.314	0.278	0.264	0.295	0.311	−0.2	5.5
爱沙尼亚	0.127	0.126	0.118	0.117	0.126	−0.3	7.4
新西兰	0.284	0.282	0.284	0.282	0.278	−0.5	−1.3
美国	0.125	0.126	0.124	0.125	0.122	−0.7	−2.5
德国	0.298	0.293	0.294	0.297	0.287	−0.9	−3.5
斯洛文尼亚	0.160	0.160	0.161	0.157	0.155	−0.9	−1.4
日本	26.808	27.026	24.133	25.089	25.838	−0.9	3.0
意大利	0.244	0.247	0.250	0.231	0.232	−1.3	0.3
希腊	0.178	0.180	0.176	0.180	0.167	−1.5	−7.3
爱尔兰	0.230	0.228	0.220	0.213	0.216	−1.5	1.7
卢森堡	0.166	0.169	0.162	0.150	0.156	−1.5	3.8
斯洛伐克	0.161	0.155	0.155	0.147	0.148	−2.1	0.8
奥地利	0.201	0.198	0.198	0.189	0.184	−2.2	−2.8
匈牙利	36.804	35.797	35.269	34.443	33.630	−2.2	−2.4
荷兰	0.190	0.185	0.157	0.148	0.172	−2.5	15.9
土耳其	0.371	0.367	0.345	0.310	0.335	−2.5	7.9
中国	**0.557**	**0.540**	**0.508**	**0.503**	**0.493**	**−3.0**	**−2.0**
墨西哥	1.199	1.164	1.124	1.074	1.027	−3.8	−4.4
韩国	142.284	139.649	135.879	119.011	115.516	−5.1	−2.9

资料来源：1.《Energy Prices and Taxes，2nd Quarter 2019》，IEA。
2. https：//data. worldbank. org/indicator/FP. CPI. TOTL。

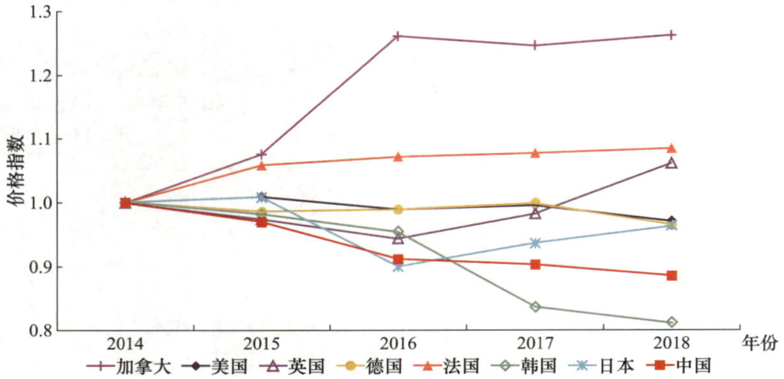

图 4-16　2014—2018 年部分国家（地区）居民实际电价走势比较

4.6　电价比价分析

4.6.1　用户电价比价

2018 年，32 个国家（地区）的居民电价与工业电价比价见表 4-19，平均为 1.88，仅墨西哥、中国居民电价与工业电价比价小于 1，表明工业用户对居民用户提供较重的交叉补贴。

表 4-19　　2018 年部分国家（地区）居民电价与工业电价比价情况

国家（地区）	2018 年	国家（地区）	2018 年
丹麦	4.74	波兰	1.80
瑞典	2.81	法国	1.74
芬兰	2.54	瑞士	1.74
西班牙	2.44	南非	1.69
德国	2.43	英国	1.66
比利时	2.41	意大利	1.60
卢森堡	2.29	爱沙尼亚	1.54

续表

国家（地区）	2018 年	国家（地区）	2018 年
荷兰	2.27	日本	1.49
奥地利	2.09	匈牙利	1.39
斯洛文尼亚	2.01	加拿大	1.35
挪威	2.00	斯洛伐克	1.28
爱尔兰	2.00	智利	1.24
葡萄牙	1.98	土耳其	1.24
捷克	1.90	韩国	1.10
希腊	1.87	**中国**	**0.85**
美国	1.86	墨西哥	0.70
平均	**1.88**		

资料来源：《Energy Prices and Taxes，2nd Quarter 2019》，IEA。

2014—2018 年，32 个国家（地区）的居民用电与工业用电比价见表 4-20 及图 4-17。我国由于实施居民阶梯电价和差异化调价，使得居民与工业用电比价略有提高。

表 4-20　　2014—2018 年居民用电与工业用电比价情况

国家（地区）	2014 年	2015 年	2016 年	2017 年	2018 年
奥地利	1.98	2.04	2.11	2.15	2.09
比利时	1.73	1.91	2.24	2.35	2.41
加拿大	1.23	1.45	1.35	1.30	1.35
智利	1.46	1.38	1.36	1.42	1.24
捷克	1.47	1.56	1.74	1.85	1.90
丹麦	3.13	3.28	3.36	3.55	4.74
爱沙尼亚	1.43	1.42	1.38	1.45	1.54

续表

国家（地区）	2014 年	2015 年	2016 年	2017 年	2018 年
芬兰	2.17	2.26	2.32	2.51	2.54
法国	1.54	1.58	1.72	1.70	1.74
德国	2.25	2.25	2.33	2.40	2.43
希腊	1.65	1.86	1.92	1.87	1.87
匈牙利	1.28	1.28	1.40	1.45	1.39
爱尔兰	1.83	1.91	2.05	1.94	2.00
意大利	1.37	1.46	1.49	1.49	1.60
日本	1.35	1.39	1.37	1.39	1.49
韩国	1.28	1.26	1.24	1.11	1.10
卢森堡	2.22	2.62	2.63	2.26	2.29
墨西哥	0.74	0.92	0.90	0.72	0.70
荷兰	2.14	2.31	2.06	1.98	2.27
挪威	2.33	2.67	2.46	2.48	2.00
波兰	1.92	1.83	1.88	1.87	1.80
葡萄牙	1.88	1.99	2.06	2.06	1.98
斯洛伐克	1.35	1.31	1.36	1.29	1.28
斯洛文尼亚	1.85	2.00	2.11	2.17	2.01
西班牙	2.10	1.69	2.32	2.54	2.44
瑞典	2.62	2.90	2.89	2.85	2.81
瑞士	1.63	1.68	1.52	1.65	1.74
土耳其	1.30	1.30	1.25	1.25	1.24
英国	1.64	1.58	1.59	1.63	1.66
美国	1.76	1.83	1.86	1.87	1.86

续表

国家（地区）	2014 年	2015 年	2016 年	2017 年	2018 年
中国	**0.80**	**0.80**	**0.76**	**0.83**	**0.85**
南非	1.73	1.91	2.24	2.35	2.41

资料来源：《Energy Prices and Taxes，2nd Quarter 2019》，IEA。

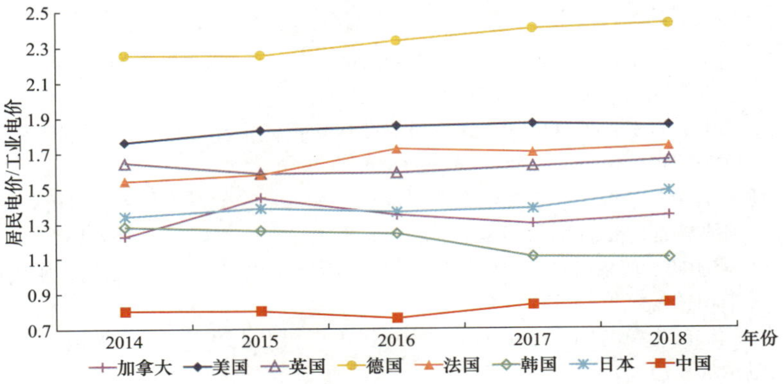

图 4-17　2014—2018 年部分国家（地区）居民电价与工业电价比价

4.6.2　分环节电价比价

2018 年，中国输配电价占销售电价比重在 19 个国家中处于中下等水平，部分国家（地区）输配电价与销售电价的比值见表 4-21。

表 4-21　　部分国家（地区）输配电价占销售电价比重表

国家（地区）	2018 年比值（%）	国家（地区）	2018 年比值（%）
美国	39.4	奥地利	32.0
爱尔兰	36.9	荷兰	30.8
瑞典	36.3	法国	29.4
日本	36.1	德国	28.8
捷克	36.0	葡萄牙	26.5
比利时	34.8	罗马尼亚	26.4

续表

国家（地区）	2018 年比值（%）	国家（地区）	2018 年比值（%）
芬兰	32.9	英国	22.3
波兰	32.8	丹麦	20.9
爱沙尼亚	32.6	韩国	10.9
中国	**32.5**	**平均**	**30.4**

资料来源：1. 美国：https：//www.eia.gov/，EIA。
2. 中国：国家能源局。
3. 韩国、日本：韩国电力、东京电力公司年报。
4. 欧洲国家：https：//ec.europa.eu/eurostat/。

注 1. 美国输配电价为重组后的输配电企业平均电价水平，输配电价与销售电价均为含税价。
2. 韩国、日本输配电价分别为韩国电力、东京电力公司水平，其中韩国输配电价和销售电价分别为单位输配电成本和含税平均销售电价，日本输配电价和销售电价分别为单位输配电成本和含税平均销售电价。
3. 欧洲国家输配电价与销售电价水平均为居民用户和工业用户不含税的输配电价和含税销售电价按电量加权值。
4. 中国输配电价比重采用不含税的输配电价与含税的全国平均销售电价之比。

4.7 电力价格展望

电力价格所受影响因素复杂多样，短期内主要受到电源结构、一次能源价格、供需情况等因素影响，长期看又受所在国产业政策、能源政策等因素影响，导致各国电力价格情况差异较大，本报告仅就我国电力价格进行展望如下：

上网电价。电源结构方面，我国仍将长期以火电为主，电煤价格在 2016 年大幅上涨之后，2017、2018 年稳中有升，受监管部门加强煤炭中长期合同兑现监管力度和煤炭优质产能释放影响，预计 2019 年电煤价格仍将延续平稳趋势。电力供需方面，我国风电、光伏等可再生能源大规模发展，发电装机容量稳步增加，供过于求局面仍将持续。能源政策方面，根据国家降低用能成本要求，国家发展改革委先后出台多项降低一般工商业电价措施，部分省份降低了水电、核电机组上网电价，此外，国家大力推行风电、光伏平价、竞价上网，上网电价将承受压力。电力市场方面，目前我国电力市场建设稳步推进，市场交易电量的增加将进一步降低上网电价。综合以上因素，**2019—2020年，我国上网电价存在下降空间**。

输配电价。2015年，我国新一轮电力体制改革正式拉开帷幕，先后完成了省级电网输配电价、区域电网输电价格和跨区跨省专项工程输电价格核价工作。2019年1月，国家发展改革委开展了第二轮输配电成本监审工作，要求有效降低企业成本负担。2019年3月起，为落实政府工作报告"一般工商业平均电价再降低10%"的要求，国家发展改革委采取了降低增值税税率、延长电网企业固定资产折旧年限等措施，**2019—2020年，我国输配电价总体水平将有所下降**。

销售电价。为降低一般工商业电价，2019年我国先后出台多批次降价措施，针对销售电价主要降低了重大水利工程建设基金征收标准。在降低用能成本背景下，受分环节电价、价格政策和电力市场建设的共同影响，**预计2019—2020年，销售电价将有一定幅度的下降**。

4.8 小结

本章从电力生产消费、国内外上网电价、输配电价和销售电价等几个方面对电力价格进行了系统梳理和分析，对电力行业竞争力变化、不同用户电价比价以及分环节电价比价进行了分析，并对价格现象背后的原因进行剖析，最后对未来两年我国电力价格进行了展望。

电力价格既受电源结构、一次能源价格、供需情况的影响，又极大地受到各国产业政策、能源政策的影响，这增加了国内外电价水平比较分析的复杂性。2018年，受电源结构影响，我国上网电价高于大部分欧洲国家，低于韩国、澳大利亚、美国；我国输配电价与欧美国家相比较低，在所比较的国家中仅高于韩国；我国销售电价在国际上处于较低水平，其中工业电价处于中等水平，居民电价处于较低水平，与发达国家相比，我国居民电价低于工业电价，工业用户对居民用户的交叉补贴较为严重。

展望2019—2020年，我国电力供过于求的情况短期内不会改变，随着输配电价改革的深化及电力市场建设的不断推进，在降低用能成本的大背景下，我国平均销售电价将继续下降。

5

能源价格专题分析

5.1 核电上网电价国际经验及启示

推动实现能源转型是我国能源发展战略制定的根本出发点，深度推进“四个革命，一个合作”能源发展战略，构建清洁低碳、安全高效的能源体系，成为我国中长期能源领域的核心工作。

核电在能源结构中的重要性逐步提升，随着社会的发展，安全成为核电发展的中心要义。能源“十一五”规划强调积极推进核电建设，能源“十二五”规划强调在确保安全的基础上高效发展核电，重点在东部沿海和中部部分地区发展核电，而在能源“十三五”规划中，强调以沿海核电带为重点，安全建设自主核电示范工程和项目。

核电上网电价机制对于核电的规划、投资、建设和运营的影响至关重要。科学、合理地制定核电上网电价机制更是核电健康发展的重要保证。当前宏观经济形势出现新的变化，电力供需转向供大于求，市场化改革也在不断深入推进，而核电也面临部分老机组退役、二代核电进入稳定运行、三代核电即将投产发电的新时期，总结国际经验将有助于我国核电定价机制适应电力市场化改革的发展，保证核电的可持续发展。

5.1.1 国际经验

法国、英国、美国、日本等国家开展核电较早，核电运行、定价以及补贴经验较为丰富，下面将对核电上网电价定价机制、财税政策、如何参与市场竞争、差价合约等方面的国际经验进行收集整理。

国际上主流的核电价格政策机制主要可分为两大类：一是以欧洲为代表的以电价补贴为主的价格机制，其特点是以新能源开发激励为着力点，辅以容量电价、负电价政策；二是以美国为代表的以配额制为主的电价政策机制，其特点是以强制新能源利用配额为着力点，辅以开发侧的财政和融资政策，包括技术研发经费投入、税收减免和融资支持政策等。

（一）法国核电经验

法国是世界上核电发展历史最长、核电比例最高、核电技术最为先进的国家之一，无论是从装机容量还是从发电量的角度看，核电在法国电源结构中占据绝对主导地位。研究法国的核电价格及相关政策，对于核电发展尚处于起步阶段的我国，具有重要的借鉴和启示作用。

在市场化改革实施前，法国实施政府管制体系和政府审批电价机制，管制电价范围包括销售电价和输配电价两种用户可以自由选择供应商，行使选择权的用户不能执行管制电价，只能执行市场电价。在管制电价方面，法国两种电价对应的审批部门不同，其中法国工业部负责审批销售电价，法国能源监管委员会审批输配电价（包括上网电价）。法国目前已经建立了管制电价调整机制，主要根据法国电力公司提供的发电成本，即运行成本和燃料成本数据进行调整，调整幅度参照每年的物价指数。

由于法国在运的核电机组建设较早，大部分机组建于20世纪70年代，已过了还本付息期，在资本金回报率为10.6%情况下，上网电价在欧洲处于较低水平。

法国自1999年开始实行电力体制改革，推行电力市场。目前，法国在实行电力市场的同时，仍保留政府管制体系和政府审批电价机制。目前法国核电电价仍实行以政府定价为主导的管制电价，执行以成本为基础的政府价格管制模式。法国建立了比较完善的核电电价管理体系，包括全国统一的核电定价机制和基于CPI指数调整的核电电价调整机制。

统一的核电定价机制采取“成本加利润”的模式，由法国能源监管委员会审批通过后执行，电价要求包含全部运行成本，但尚未包括更新改造、投资和退役成本。法国电力公司还负责收购太阳能、风能，政府对电价较高部分进行补贴。对于核电，实行统一标杆电价，由于已经过了还本付息期，核电上网电价是各类电源上网电价中最低的。核电电价调整机制是根据每年的物价指数，对运行成本和燃料成本进行调整，但是目前只针对销售电价，预计不久后，调整机制将运用于上网电价和输配电价。

实际运作表明，目前法国核电电价机制运行良好，对于促进法国核电健康发展起到积极作用。尽管法国自 1999 年已启动电力市场改革，而 97%的用户仍自愿选择管制电价，说明市场电价和管制电价本身并无倾向性好坏，关键在于电价机制的合理性和适用性，是否适合当地核电发展实际情况，以及能否真正执行到位。实际上，法国核电调整机制也存在执行不到位的情况，例如，受经济下滑因素影响，法国核电电价最近也未得到充分调整，但总体上，法国核电电价机制运行状况良好。

法国核电的建造始于 20 世纪 50 年代，早期建设的核电站均为 GCR（气冷堆）类型核电机组，不具备负荷调节能力。随着法国核电所占比例不断地上升，到 20 世纪 80 年代电网调峰问题开始逐步显现，电网调峰日益困难，而受到资源、地理条件等限制，法国气电站、抽水蓄能电站的建设均受到了一定的制约。在这样的情况下，法国在 20 世纪 80 年代初开始研究对原有核电机组进行技术改造的前景。到 90 年代初，法国核电机组逐步具备调峰能力，正式开始参与电网调峰。

尽管调峰运行对于核电站来说不利于收回固定成本，也可能因为安全隐患带来经济损失。但法国由于核电装机容量和发电量比重较大，核电站经过改造后有能力参与调峰。法国核电机组从设计角度而言，在燃料的前 65%寿期内，最低可降出力至 27%额定功率；在燃料前 65%～90%寿期内，机组可调范围呈线性减小趋势，最小技术出力逐步增大；到 90%～100%寿期和燃料延伸运行阶段，机组已不具备调节能力。

（二）英国核电经验

英国于 1953 年开始兴建世界上第一座商用核电站——坎布里亚郡 Calder-Hall 核电站（采用 Magnox 技术），1956 年开始向国家电网送电。此后，英国于 1962—1971 年间相继建成了 10 座同类型核电站。到 2014 年，上述核电站已经全部退役。截至 2016 年末，英国共有 8 座在运营的核电站，装机容量合计 8700MW，全部由 EDF 通过子公司 British Energy 持有并运营。其中，有 3 座核电站拟于 2018—2019 年退役，4 座拟于 2023 年退役，最新建设的 Size wellB 拟于 2035 年退役。

考虑到要实现制定的 35%的可再生能源使用目标，英国必须引入大量的风电和太阳能发电项目，这将会增加电力供应系统的波动性，因此需要运营稳定的电力作为补充以平滑电力系统。核电无疑是最佳的低碳选择方案。基于此，英国政府意识到核电在英国电力资源组合中的重要性，决定重新启动境内核电站的建设。从目前的价格政策来看，英国实行以合约为主的电价机制，即由远期期货、短期双边市场及结算平衡机制三级交易体系构成的电价机制，其中大多采用双边合同期货交易，极少量采用会计结算系统进行。

差价合同机制是新电力法案的核心内容，是为了解决低碳电力投资（核电、可再生能源、碳捕捉与储存等）未来收益的不确定性问题和防止政府过度补贴而新设定的一套专门针对低碳电力的制度体系。基本原理是：可再生能源项目投资前与 DECC 按照项目投资的成本、预期收益及风险大小协商一个固定的价格，一般持续 20～30 年，机组建成后开发商像其他发电商一样通过电力市场参与竞价上网出售电力，政府按照市场价格与执行价格（Strike Price）的差价向发电公司支付或征收相关费用。

2016 年 9 月，英国欣克利角 C 核电站差价合同签订双方分别为项目公司 NNB Generation Company（HPC）Limited 和代表英国政府的国有公司 Low Carbon Contracts Company LTD（LCCC）。项目建设前，项目业主与 DECC 协商确定项目的执行价格（长期合约价格），待项目建成后发电商仍然同其他企业一样在电力交易市场参加公开竞价，形成市场价格。如果市场价格低于执行价格，LCCC 则代表政府给予补贴，如果市场价格高于执行价格，发电企业则只能获取项目执行价格的收益水平。这样一方面避免对发电商的过度支付；另一方面给予投资者更大的明确性，进而降低项目的投资成本和政策成本。差价合约的具体内容包含以下三个方面：

(1) 执行价格的确定。在设定差价合同的执行价格时需要考虑诸多因素，其中包括：①技术自身因素，如投资和运行成本、融资成本、工程建设特殊情况等。对核电技术，还需要考虑其他的一些因素，例如核废料的处理费用等。②市场条件，包括电力批发市场的价格水平以及市场通货膨胀情况等。③政策考虑，包括政府实现可再生能源目标和不同技术组合方面的政策决定等。具体是通过计算项目运行年限（HPC 项目运行年限 60 年）成本的现值的方式确定执行价格。基于核电站投资、运行、燃料以及融资成本的估计，计算该项目在其运行年限内的成本现值。其中项目成本包括项目前期开发、审批、投资、运行、燃料等。项目收益包括电力批发市场价格、差价合同收益、征费免除凭证、容量市场支付等收益。收益水平会根据假设的电力购买协议折扣做调整。根据从英国政府官方网站获取的 LCCC 与 NNB 于 2016 年 9 月签署的欣克利角 C 电站差价合同，该项目初始电价水平为 89.50 英镑/（MW•h），并同时设定了执行价格的调整条款。

(2) 基准价格的确定。基准价格用来反映电力市场价格水平，用于计算与执行价格之间的差别支付。在决定基准价格的形式和来源时，政府需要制定一个可靠而且不易被投机行为操纵的价格。另外，发电商还需要能够以接近基准价格的水平出售所产电量，进而实现差价合同的价值。基准价格不一定完全等同于电力交易的实际价格，但是基准价格的制定需要能够反映发电商能够获得的价格水平。根据欣克利角 C 核电站项目基准价格计算公式：

$$\sum_{i=1}^{d}\left[\frac{\sum_{j=1}^{\varepsilon}(BP_{i,j}BQ_{i,j})}{\sum_{j=1}^{\varepsilon}BQ_{i,j}}\right]\frac{1}{N_d}$$

式中　N_d——样本期内交易天数；

e——交易前一个季度基准电量；

$BP_{i,j}$——交易前一个季度第 j 次基准价格中第 i 天的价格；

$BQ_{i,j}$ ——交易前一个季度第 j 次基准价格中第 i 天的电量交易数量。

(3) 差价合同的期限。差价合同的合同期限会影响到发电商支付补贴的净现值。其他因素包括征费控制框架下的政府负担能力以及其他政策考量也会影响合同期限的最终确定。因为核电项目的声明周期较长，因此差价合同的期限也相对较长。

（三）美国核电经验

美国是世界上最大的核电生产国，占全球核电生产的 30%以上。2016 年全国在运的 99 座核电机组产量达8050 亿 kW•h，约占电力总产量的 20%。自 20 世纪 90 年代末以来的政府政策的变化为核电装机的显著增长铺平了道路。为鼓励和支持核电发展，《2005 年能源政策法案》（Energy Policy Act of 2005）出台了一系列涉及核电工业的激励措施，大多数措施有利于新建核电反应堆。

美国半数以上反应堆处于竞争激烈的批发电力市场。天然气价格下跌，使得一些现有的反应堆和拟议项目的经济可行性大为降低，近年来半数以上的核电站处于亏损状态，导致美国已有 16 座反应堆提前退役，过去五年内有 6 座反应堆被关闭，仅有 2 座新建反应堆。

美国通过一系列的优惠政策支持核电行业的发展，在《2005 年能源政策法案》中涉及核电工业的激励措施主要包括：生产税收抵免、后备支持、贷款担保及核事故责任保护法案延期等。

(1) 税收减免。新建的首批 6000MW（电）装机容量在其头 8 年运行中可获得 1.8 美分/（kW•h）的税收减免，每年每 1000MW（电）的抵免上限为 1.25 亿美元。

(2) 后备支持。由于反应堆许可证发放时有延误而导致反应堆建造成本超支，能源政策法案因此授权能源部长提供监管风险方面的后备支持，根据可获得资金的情况，帮助新建的前 6 座反应堆支付由于监管延误而产生的费用。反应堆许可证的申请费用通常约为 1 亿美元。为此，美国能源部设立了 20 亿美元的风险保险资金，帮助反应堆业主支付由于核管会在视察评估、测试、分析和认定标准及程序等方面的延误或由于联邦、州、部落相关司法诉讼造成的延误而产生的费用。前2座反应堆，每座最高可获得5亿美元的资助；后4座，每座最高可获得2.5亿美元的资助。

(3) 贷款担保。美国能源部可向核电建设项目提供贷款担保，支持项目开发商筹集建设资金，鼓励新的或有重大改进的能源技术的商业化应用。能源政策法案规定政府贷款担保额度，最高可达新核电厂建造费用的80%。

(4) 核事故责任保护。核事故责任是美国政府、公众和核电厂业主等各方共同关心的问题，也是关系核电发展的重要因素。能源政策法案将有关核赔偿责任保护的普莱斯-安德森法案（Price-Anderson Act）延期20年，使其覆盖范围延伸到2025年底前新建的反应堆和能源部新的核承包合同。普莱斯-安德森法案规定，核反应堆发生事故后，其业主只承担相应的有限责任。因此，其延期被认为是建造新反应堆的前提。根据该法案，商业反应堆业主必须承担影响到公众的所有核损害责任，并在特大放射性泄漏事故后，必须放弃绝大部分法律辩护权。

而从价格政策来看，美国50个州中，前后22个州启动了电力改革，通过放松发电管制，民营电力公司剥离其拥有的全部或者部分发电资产，产生数量众多的独立发电商（火电厂商、水电厂商、核电厂商等），形成自由竞争。民营企业以营利为目标，电价受独立管制机构监管，由独立于电力公司外的第三方联邦能源管制委员会和各州公用事业委员会管理，现货市场的价格由市场竞争形成。各发电厂商提前一天将火电机组、核电机组等每半小时机组的运行成本、可发电量等信息上报给电力联运中心，电力联运中心将各机组按照成本由低到高排序，直到发电容量满足负荷需求，最后一个机组上报的发电成本作为系统的边际成本，成为全网统一的“上网电价”的依据，其余列入发电计划的机组按统一的上网电价结算。为避免价格操作，联邦能源管制委员会对价格进行监测评估，并保留制定价格上限的权利。为规避风险，买卖双方一般签订远期双边合同交易，约定交易的数量和价格，合同价格属于商业秘密，不对外公开。

（四）日本核电经验

日本曾拥有54台（约4682万kW）核电装机，未专门设置核电定价机制，其电力定价体系依据《电力工业法》和《公用事业法》，实行混合电价制度，即受管制和自由化用户（协商谈判）两种电价机制并行。所谓受管制电价是在保留成本核算框架内，附以评定机制，以鼓励电力企业自觉提高效率、节省一次能源、降低电价成本；而自由化用户电价，则是通过用户与供应商之间谈判确定的电价。

日本共有10大区域的电力公司，各区域电力公司均为发输配售一体化的企业组织形式，并有各自的火电厂和核电厂（除了冲绳电力），分地区垄断经营，电力公司基本为私营企业，各自之间没有直接的竞争关系，福岛事故前，核电厂发电量约占全国30%左右，由于各区发展水平不一，各区电价水平也不一样。

政府主导的电价（受管制的电价）是指政府按照10大区域电力公司各自的综合成本，考虑促进电力公司自主性地提高效率的要求批准的电价。为了使没有直接联系的10大公司之间进行竞争，在电价审批制度下，共用一个尺度，对削减成本高效化的程度进行相对性评估，实行奖惩，促进电力企业自觉提高效率。协议定价（自由化用户的电价）是客户和供应商之间通过谈判来确定电价，各电力公司列出自己的标准电价表，并提供特定的选择项目对应不同的客户需求。在日本推行的电价机制可随燃料费用浮动，其上限由政府规定，一次上调最多不得超过150%。

5.1.2 国外经验总结

从以上国际经验可以看出，不同国家的核电价格机制在电价机制、电价形式以及成本利润上存在一定的差异，将上述国际经验进行总结和梳理，见

表 5-1。

表 5-1　　国外核电体制与核电电价机制

项目	法　国	美　国	日　本
核电电价机制	统一电价（销售电价随发电成本适时调整）	各州分别定价，部分随所属电力公司参与地区、电网竞争	实行受管制和供需协商自由化两种电价
电力平衡	平衡 有富余出口 20%	平衡	原基本平衡 现供不应求
核电厂归属	国家电力公司	非民营为各州电力公司 民营为各发电商	分属 10 大电力公司
定价单位	电力公司	市场竞争或供需协商	各电力公司
电价形式	统一电价	统一电价（28 州） 市场竞价（22 州）	受管制和协议定价并行
电价格主持部门	政府	部分州立电价管委会 部分供需双方协议	产经省
政府作用	主导	监管	核准受管制电价
成本、利润、税金	全部成本回报率 10.6%	非民营：反映实际成本不以盈利为目的* 民营：参与市场竞争	定价原则：成本主导、合理利润、对用户公平
争取市场	出口 20%	民营（22 州）市场化	部分自由化协议
机组折旧期	大量机组已过 20～30 年	大量机组已过 20～30 年	除 3 台 ABWR 机组，其他已过 20 年以上
核电价水平	0.05 欧元/（kW·h）		

* 非民营包括：联邦电力、地方公共电力、电力合作社。

结合核电的基本特点，从核电的定价机制、补贴方式以及市场化所带来的影响中总结三条核电上网电价的国际经验：

（1）由于核电初始投资较大、固定成本较多的特点，绝大多数国家通过价格机制，保证稳定的收益水平，促进核电的稳定发展。法国的核电定价机制采取“成本加利润”的模式，电价要求包含全部运行成本，并且根据每年的物价指数，对运行成本和燃料成本进行调整，而在法国核电建设的初期，通过较高的核电价格保证成本的回收；美国核电定价通过长期合约价格，并以保证公司正常运行提供必要资金和反映实际供电成本为前提；英国通过差价合约机制，按照项目投资的成本、预期收益及风险大小协商一个固定的价格持续30年，政府按照市场价格与执行价格的差价向发电公司支付或征收相关费用；日本通过在保留成本核算框架内，附以评定机制，以鼓励电力企业自觉提高效率、节省一次能源、降低电价成本的受管制电价以及用户与供应商之间谈判确定的自由化用户电价来确定核电的价格。

（2）在价格机制之外，各国通过税收政策、碳排放政策以及贴息政策等政策性优惠保证核电产业的持续发展。英国通过碳排放底价政策和碳排放准入标准支持核电发展，英国政府计划设定比欧盟更为严厉的碳排放价格来加速供电结构转型，争取2020年前将二氧化碳排放收费从12英镑/t提高至28英镑/t，碳排放标准是指将碳排放准入标准设定为450g/（kW•h），而目前一般燃煤装机的碳排放量大约为900g/（kW•h），即使附带碳捕获装置的超临界机组都难以达到450g/（kW•h）的标准，可防止企业新建碳排放过高的传统能源项目；美国通过税收减免政策对新建的首批6000MW（电）装机容量在其头8年运行中提供1.8美分/（kW•h）的税收减免，每年每1000MW（电）的抵免上限为1.25亿美元，以及贷款担保政策，由美国能源部向核电建设项目提供支持项目开发商筹集建设资金，鼓励新的或有重大改进的能源技术商业化应用。能源政策法案规定政府贷款担保额度，最高可达新核电厂建造费用的80%，零排放信用（ZEC）支付资金将为核电厂提供直接资金补偿。

（3）市场化进程对核电行业的影响普遍存在，具体影响和各国核电所处的发展阶段相关。美国半数以上反应堆处于竞争激烈的批发电力市场，由于天然气价格下跌，使得一些现有的反应堆和拟议项目的经济可行性大为降低，近年来半数以上的核电站处于亏损状态，导致美国已有16座反应堆提前退役；法国自 1999 年已启动电力市场改革，而 97%的用户仍自愿选择管制电价，说明市场电价和管制电价本身并无倾向性好坏，关键在于电价机制的合理性和适用性，是否适合当地核电发展实际情况，以及能否真正执行到位。

5.1.3 建议

目前，三代核电出台了首批项目的电价机制，采用核定利用小时内由政府定价、其余电量参与市场的方式，该机制为电力改革过渡阶段的临时机制，试行至 2021 年底，基本符合了国际核电定价方式以及核电自身发展特点，未来随着电力市场改革的进一步推进，核电价格机制的调整和完善也应符合核电本身特点，本文基于上文的分析提出以下建议：

（1）由于核电初始投资较大，固定成本较多的特点，绝大多数国家通过价格机制，保证稳定的收益水平，促进核电的稳定发展，我国核电机制也应以保证稳定收益为主。

（2）在价格机制之外，各国通过税收政策、碳排放政策以及贴息政策等政策性优惠保证核电产业的持续发展。我国目前通过保证利用小时尽量满发提供电量方面的发展支撑，未来可进一步考虑相关财税和环保政策保证核电发展。

（3）市场电价和管制电价本身并无倾向性好坏，关键在于电价机制的合理性和适用性，未来应结合市场化改革进展，调整核电价格机制，适应市场化特性。

5.2 国外发电充裕度保障机制分析及启示

随着可再生能源发电装机容量提升，可再生能源消纳率提高。2018 年，我国可再生能源发电量已达 17 764 亿 kW•h，约占全社会用电量 26%，6000kW 以上火电发电设备平均利用小时数 3862h，火电生存压力逐步显现。火电厂利用小时数不足不仅带来现阶段的营收及效益问题，还会对未来火电机组发展及维持产生不利影响。部分燃煤发电厂为了节省成本，检修已由“计划检修”模式改变为“状态检修”模式，即超额利用发电设备元件利用时间，为未来发电安全带来隐患并潜在的加速机组磨损折旧情况。此外，我国依然面临着降低碳排放的压力，目标是在2050年达成两个“50%”的目标。因此，以后火电定位将会由基荷机组向调峰机组转变，使火电利用小时数更加不容乐观。

我国是典型的富煤、贫油、少气的国家，煤电机组可以长期稳定地提供电能，保证电力系统稳定，所以未来煤电机组仍将会是我国火力发电的主力军。相对于电量平衡而言，未来电力平衡是关键问题，电力平衡和对其他电源的补偿调节决定了煤电在电力系统中仍将继续发挥“压舱石”和“稳定器”的作用。为提升电力系统稳定性，调整发电结构不能以简单的行政命令方式解决，需建立整套完备的价格机制及方式，引导电力系统结构发展走向。需解决三方面问题：一是如何保证优质火电企业合理收入，二是如何疏导落后煤电产能退出市场，三是如何有效指引机组未来投资。

发电充裕度是保证电力系统长期稳定运行的重要参数。发电设备建设周期长，用户用电波动大，电能不易储存。为保证安全，应对短时用电高峰需求，发电容量必须保证在满足最大用电高峰同时留有适当充裕电源容量应对可能出现的负荷突变和发电机组故障。因此发电容量适当多于负荷需求容量即成为发电充裕度。充裕度高代表电力系统长期安全得到保障，但过多的发电容量会使发电机组平均利用小时数降低，导致资源浪费；充裕度低会使在高峰时段用电紧张从而影响系统安全。

5.2.1 国外保障电力系统充裕度经验

为提高发电充裕度，提高可靠性并同时制止发电容量过多造成浪费，国外电力市场主要分为稀缺定价机制、战略备用机制和容量市场机制三种做法。

稀缺定价机制虽使用有效监管降低市场力，但其在供电短缺时允许尖峰价格出现，大幅影响市场价格，干扰电力市场稳定性。澳大利亚尖峰价格最高为

13 500 澳元/（MW·h）；美国得州在 2019 年 8 月 12 日电价尖峰时刻达到 8983.88 美元/（MW·h），约合 63 元/（kW·h）；法国电力市场在 2012 年 2 月 9 日出现过 2000 欧元/（MW·h）的尖峰电价。稀缺电价的产生一方面体现所在地区发电充裕性不足，另一方面也扰乱了市场秩序，提升了用电成本。稀缺定价机制不能前瞻性的提升电力系统发电容量，不利于系统稳定发展。

战略备用机制通过对一部分仅在容量短缺时使用的发电容量和需求响应进行规定。在战略备用机制下，一些老旧机组要求保持冷备用状态以应对电力紧张情况。参与战略备用机组以提供备用容量这类资源作为唯一收入来源，不参与电量市场交易。战略备用机制虽前瞻性地解决了电力系统容量问题，但打消了参与备用机组参与市场的积极性，浪费发电资源。

国外的容量市场机制相对其他两种方式较为合理但设计方式也更加复杂。容量市场区别于电量市场，是两种不同的市场方式：电量市场是发电和用电的实时平衡，保证整个系统安全稳定运行；容量市场目标是保证电力系统中发电容量的充裕度，保证长期的安全性。此外，国外容量市场费用可以弥补发电设备的部分或大部分固定成本，减少发电商通过电能量市场回收固定成本压力。电能量市场以回收变动成本、少部分固定成本和合理收益为主。通过减少电能量市场固定成本回收压力，可以促使发电商在点能量市场按边际成本合理报价，从而各部分成本传导到用户侧更为明确。

美国 PJM（宾夕法尼亚州 - 新泽西州 - 马里兰州互联网络，Pennsylvania - New Jersy - Maryland Interconnetion，PJM）现行容量机制设计较为完备，加拿大安大略省也计划于 2021 年左右开始实行容量市场，本节重点对美国、加拿大容量市场机制进行梳理。

5.2.2 美国 PJM 容量市场

美国容量市场分为需求曲线确定和容量市场清算两部分。需求曲线确定时通过调整曲线参数可以体现全网容量需求、释放价格指导信号，引导发电企业投资及运营，并通过容量市场清算将合理的市场价格传导到用户。

（一）需求曲线确定

PJM 将容量需求曲线如图 5-1 所示，分为三部分折线，分别对应三种不同的供需情况及报价。b 点表示期望的区域发电容量总量及容量价格。d 点到 a 点表示当容量资源极度稀缺时，对应的容量价格为限定的最高值。b 点向左表示当容量资源较稀缺时，对应容量价格上升；b 点向右表示容量资源较为充裕，容量单价价格下降，减少了发电商收益并给出了市场投资信号。c 点向右表示资源严重过剩，容量单价价格为零。

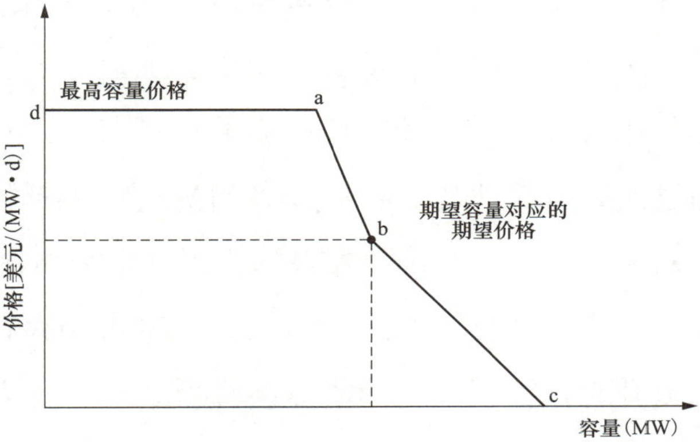

图 5-1　容量市场需求曲线

表 5-2　容量市场需求曲线特征点

点	容量价格［美元/（MW·d)］	容量（MW）
a	$\frac{\max[\text{CONE 或 } 1.5\times(\text{CONE}-\text{E\&AS})]}{1-\text{等效停机率}}$	$\text{RelReq}\,\frac{100\%+\text{IRM}-0.2\%}{100\%+\text{IRM}}$
b	$\frac{0.75\times(\text{CONE}-\text{E\&AS})}{1-\text{等效停机率}}$	$\text{RelReq}\,\frac{100\%+\text{IRM}-2.9\%}{100\%+\text{IRM}}$
c	0	$\text{RelReq}\,\frac{100\%+\text{IRM}+7.8\%}{100\%+\text{IRM}}$
d	$\frac{\max[\text{CONE 或 } 1.5\times(\text{CONE}-\text{E\&AS})]}{1-\text{等效停机率}}$	0

表 5-2 中，CONE 为新建机组总成本，PJM 参考的是通用电气联合循环燃气轮机 7HA 的成本；E&AS 为电量市场和容量市场获利抵消量；IRM 为装机容量裕度，目前 PJM 规定为 0.15；*RelReq* 为区域可靠装机需求，其可以通过区域峰值负荷 *L*p；*FRR* 表示负荷自供应部分。

$$RelReq = Lp(1+IRM)\times(1-\text{等效停机率}) - FRR$$

由此可见，PJM 容量市场的需求曲线中，当总装机容量低时，容量价格为制定的容量价格最大值。当容量小于点 b 时，单位容量的价格变化越高，代表参与容量市场的机组获利增加，并且刺激发电商增加发电装机以满足未来供电需求。当容量大于 b 点对应容量时，单位容量价格下降较为缓慢，代表参与容量市场的机组容量少量过剩，单位容量获利减少，加速电力企业转型，希望发电企业通过转型让其业通过电量市场和辅助服务市场获利。在规则中，原则上容量市场不会为超过区域可靠性装机需求过多的机组提供补偿（即超过 c 点）。这也侧面引导发电商改造或关停经济效益差的机组（多为高耗能或老旧机组）。

另一方面，容量市场价格与辅助服务市场和电量市场存在一定联系，当在其他两个市场收益提升时，容量市场的收益会降低。在保证发电商收益率的同时降低用户的用能涨价风险。

在现实报价中，由于清算机制的存在，在供电区域中发电容量富裕会整体压低单位容量价格，当发电容量紧缺时会提升单位容量价格。

（二）容量市场清算

（1）容量市场清算方式及时间。美国 PJM 容量市场清算分为三种主要的清算方式，分别为基本市场拍卖、追加市场拍卖和双边合约。双边合约清算方式是用户和发电企业直接签订容量合约以实现容量交易。基本拍卖市场主要目的为释放价格信号并引导发电商投资。基本拍卖中允许新的、在容量交付日期前建成的发电设备参与基本拍卖，一般在交付前 3 年完成。区域内的可用容量必须参与基本拍卖，区域外的机组可选择自愿参加容量市场拍卖。追加市场拍卖为每个交付年前的 20 月、10 月和 3 月三批开展。追加市场拍卖是应对由于其他因素（负荷、机组建设）的变化，为基本拍卖的补充拍卖。

（2）容量拍卖清算方式。清算拍卖以边际清算方式清算。以两组报价为例，S1 与 S2 分有 4 个机组参与市场竞拍。S1 与容量需求曲线相交于 e 点，说明第 4 个机组成为容量边际机组，由于此点较高于 b 点，表明容量市场充裕度不够，释放鼓励发电企业增加电力系统发电容量建设信号。S2 曲线与容量需求曲线相交于 f 点，此点低于 b 点，表明市场容量资源相对过剩，释放投资要谨慎的市场信号。容量市场结算方式如图 5-2 所示。

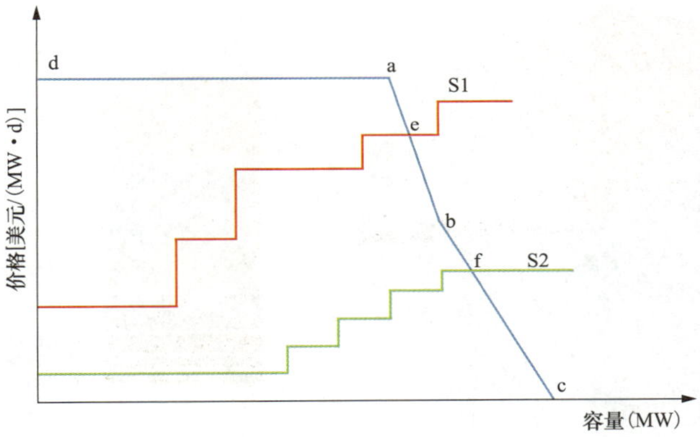

图 5-2　容量市场结算方式

（3）容量市场参与方的义务。发电商在容量市场拍卖中标的容量必须在交付年中任意时间可以有效提供不少于中标容量的发电功率。由于容量市场干预使得发电容量留有部分裕度，使电力市场避免发生稀缺性定价引起的电价突增。区别于战略备用机制，参与容量市场的发电商必须参与电量市场报价，在系统运行需要时将会被优先调用。如不达标将会对发电商产生罚款。未完成第一年容量报酬减半，第二年降至 25%，第三年取消其参与容量市场资格。

（4）PJM 容量市场运行效果。在 PJM 运营管理区域，容量市场的介入使得其容量紧缺的东部地区引入新的发电机组投资。同时，容量市场弥补了发电商的大部分固定成本，使得发电厂在电量市场报价接近其边际成本。

2014/2015 年容量市场价格提升了 34%，用以弥补发电商环保升级带来的成本增加。部分老旧机组因环保改造费用过高，导致容量市场获利不足以弥补其费用，不具备经济性而淘汰。

对于发电商而言，容量市场弥补了发电设备的大部分固定成本，提升了发电企业收益。图 5-3 为 2018 年 PJM 用户批发电价构成组成，其中，电能量费用占 63.05%，容量费用占 19.82%，输电费用占 14.73%，剩下 2.40%为辅助服务产生的费用。

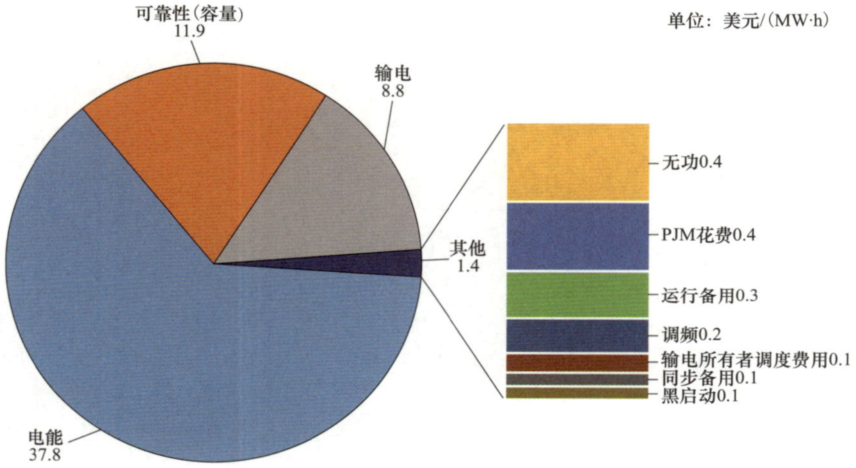

图 5-3　2018 年 PJM 批发电价及其构成

容量市场在保证电力系统稳定性的同时弥补了发电企业大部分固定成本，剩余固定成本和变动成本由电能量市场回收。由于电能量市场竞争的存在，发电商为保证成本回收和获得合理利润会压低电能量市场的报价，这会使用户电价仍处在合理的范围。与此同时，部分老旧机组和高耗能机组由于会因容量市场竞标获利价格水平低或因电能量市场发电价格没有竞争力而加速退出市场，从而达到由价格信号优化电源结构的目的。

5.2.3　加拿大安大略省（IESO）需求响应

区别于美国 PJM 将需求响应与发电侧容量合并拍卖，加拿大电力市场中期待需求响应为一个单独拍卖市场与容量市场共同服务加拿大电力系统以保证系统拥有足够充的裕度。由于不同季节负荷曲线存在差异，加拿大安大略省容量市场含冬季、夏季两个交付季度。

加拿大安大略省计划使用的容量响应需求曲线如图5-4所示。

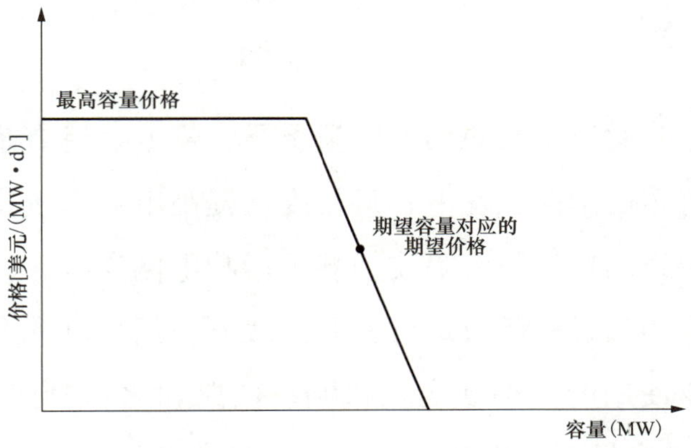

图5-4　加拿大安大略省容量响应需求曲线

在超过最大容量价格可以承受的最大容量之后，加拿大需求响应市场价格随着参与容量增多线性递减，此外，加拿大容量市场运营方设定了期望容量对应价格但并不在需求曲线中单独表示。

加拿大安大略省划分为10个供电区域，每个区域会有最高和最低需求响应容量限制，其清算方式如图5-5所示，每个区域根据程序按照经济性和安全性及地域特征优化配置容量。

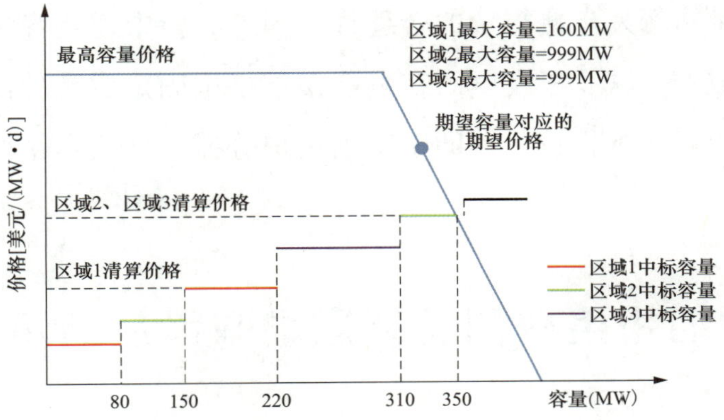

图5-5　加拿大安大略省需求响应容量结算方式

区域 1 仅需要 150MW 的需求响应容量，通过电网运营方优化组合程序计算，参与者 1 和参与者 3 为承担区域 1 的需求响应容量。区域 2 和区域 3 最大需求响应容量远大于容量需求曲线边界，则按清算边际价格决定其参与容量。

5.2.4 启示

一是在未来电能量市场长期运行的情况下，需考虑电力系统发电容量充裕度问题。需建立有效机制保证发电容量裕度，提高电力系统安全性。电力系统发电容量不足会导致用户价格大幅波动甚至影响电网安全。目前国外使用的保障电力系统充裕度的方式有稀缺定价机制、战略备用机制和容量市场机制。美国得州和澳大利亚使用的是稀缺定价机制；瑞典和比利时使用战略备用机制；美国 PJM 实行的是容量市场机制，未来加拿大也将实行容量市场机制保证系统发电容量充裕度。我国需重视电力系统发电充裕度的问题，通过建立适合中国电力市场的机制保证电力系统稳定运行。

二是容量市场在给予发电商部分固定成本补偿之外更有通过价格信号引导未来电力容量发展的作用。电力系统运营企业通过设定容量需求曲线可以直观表示未来电力系统容量需求，通过对容量费用及需求曲线进行分析可规划发电容量投资走向，促使电力系统安全、稳定、经济运行。

三是通过建立容量市场有助于反映电力市场真实成本，明晰用户电价结构，提升电能量市场发电侧报价的合理性。国外经验中通过容量市场回收发电商大部分固定成本，减少了发电商在电能量市场中固定成本的回收压力，从而促使发电商按边际成本报价。有助于明晰用户分摊电费成本结构，明确用户承担的价格义务。

5.3 美国加州用户侧储能激励政策及启示

随着电力体制的改革及可再生能源以集中或分散方式接入电网，储能在电网中起到越来越重要的作用。目前，储能主要配置在发电、电网和用户侧，其在用户侧的作用主要集中在备用电源、提高光伏自用量、降低需量费用、降低分时电价费用等几个方面。对于居民用户来说，主要是考虑降低分时电价费用，而对于商业和工业用户来说，降低需量费用是其考虑安装储能设置的重要原因。相对于国外，我国用户侧储能发展较晚，相关政策及价格机制尚不明确，本节梳理了美国加州激励用户侧储能发展的相关政策，以为我国用户侧储能政策制定提供借鉴。

5.3.1 美国加州用户侧储能发展情况

在美国，一般采用表前（Front of the Meter，FTM）和表后（Behind the Meter，BTM）来对储能进行区分，对于上述定义有不同的表述。**①纽约独立系统运营商 NYISO**：表前储能位于**零售表计**之前，可独立参加批发市场；表后主要是限于零售交易。**②美国储能协会 ESA：表前储能主要是连接到输配电网或发电资产，其主要驱动因素为 ISO/RTO 市场产品需求（如电力、辅助服务）或降低电网负荷**。**表后主要在商业、工业或居民用户表计之后，主要用于降低用电费（如需量管理）**。**③Energy Storage News**：主要是针对不同的市场部分对储能进行分类，如图 5-6 所示。

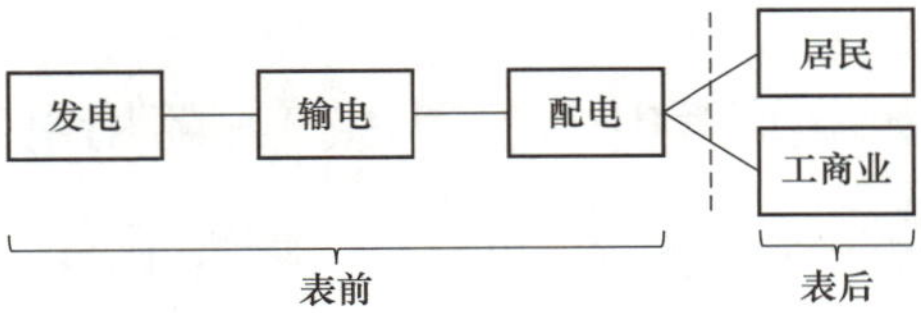

图 5-6　储能设备的分类

根据 GTM（绿色科技传媒，Greentech Media，即 GTM）的 US Energy Storage Monitor 报告，2017 年美国储能新增 431MW•h，相对于 2016 年增长 27%，其中表前储能容量占据主要份额，但表后储能容量出现了 79% 的增长，加州在表后即用户侧储能市场中比例最大。

加州用户侧储能的发展主要受到政策确定，尤其是自发电激励计划（Self-Generation Incentive Program，SGIP）政策影响。该政策在2001年制定时目的为降低系统峰值负荷，主要针对分布式发电补贴，并不包含储能；2008年才将与可再生能源配合使用的储能设备纳入补贴；2009年，为减少温室气体排放，将补偿对象从分布式发电扩大到分布式能源，自此独立储能设备也开始享受补偿。此后，SGIP计划增加了补贴总预算，并分五个阶段设定了逐渐降低的补偿额度。此外，美国的投资税收减免（Investment Tax Credit，ITC）也对储能发展具有推动作用。

储能在用户侧的作用主要集中在作为备用电源、提高光伏自用量、降低需量费用、降低分时电价费用等几个方面。

其中，对于居民用户来说，主要是考虑降低分时电价费用，而对于商业和工业用户（Commercial and Industry，C&I）来说，降低需量费用是其考虑安装储能设置的重要原因。因用户需量往往根据某一时长如15或30min负荷情况计算，与用户峰值负荷密切相关，而用户高峰负荷时间一般较短，通过应用储能设备降低高峰负荷可有效降低用户需量，从而节省用户电费。

5.3.2 自发电激励计划

SGIP计划用于鼓励分布式能源发展，由各电力公司组织实施，其资金来源为PG&E、SCE、SDG&E等电力公司用户，随用电费用一同征收，在用户电费账单中以Public Purpose Programs显示。为应对2000—2001年间的加州电力危机，2001年3月，加州公共事业委员会依据AB970议会法案正式建立了该激励计划，该议会法案的目的是通过促进分布式能源发展以降低电力系统峰值负荷，最初的计划中主要包含微型汽轮机、小型燃气轮机、**光伏**、风电和内燃气等。从2007年1月起，根据AB2778议会法案，SGIP计划中将光伏移除，而单独设置加州光伏激励计划。2008年，在Decision 08-04-049中，根据分布式能源的容量设定了递减的补贴方案。具体见表5-3。

表 5-3 分布式能源递减补贴

容量（MW）	激励率（%）	容量（MW）	激励率（%）
0～1	100	2～3	25
1～2	50		

2008 年 11 月储能纳入该计划之中，储能纳入补贴主要源于 StrateGen 和 VRB 两家公司要求对计划进行修改，以将独立的先进储能技术（Advanced Energy Storage Systems）纳入 SGIP 计划，并享受 2.5 美元/W 的补贴，但该要求遭到了部分公司的反对。后经过讨论，认为只有在一定条件下储能才能享受补贴政策，即储能必须与现有的享受补贴的分布式发电相结合后才能享受补贴，独立的储能不能享受补贴。对于补偿标准，主要争议点有三个：**①补偿计量方式**。对于储能是按照容量（以 kW 为单位）还是按照能量（以 kW·h 为单位）进行补偿。部分人员认为，由于储能设施放电时间长短也具有价值，因此按照能量进行补偿更为合适。但经过讨论，认为应按容量进行补偿，主要原因为储能设施需与分布式发电相结合，而分布式发电是按照容量进行补偿。**②补偿额度**。VRB 提出的补偿额度为 2.5 美元/W，而最终补偿标准设定为 2.0 美元/W，主要原因在于，VRB 所提出的补偿标准是针对独立储能制定，委员会认为当储能与可再生能源相结合时，其经济效益会提升，因此降低了补偿标准。**③补偿结构**。是否与分布式能源类似，采用阶梯递减的补偿方案，委员会认为，由于储能主要配合分布式能源使用，因此储能补偿容量不应超过分布式能源，且应采用递减补偿方案。

2009 年，Senate Bill 412 对 SGIP 进行了修改，此次修改中将减少温室气体排放纳入了计划的目标，并将补偿对象从“分布式发电”扩大到“分布式能源”，因此独立的储能设施也开始享受到补偿。

2016 年，根据 Senate Bill（SB）861 和 Assembly Bill（AB）1478 的要求，委员会对 SGIP 计划进行了大幅修改，主要修改如下：①将补偿分阶段逐渐降低；②储能补偿从对单位容量的补偿变为对单位能量的补偿；③储能补偿占总资金的75%，其中15%又分配给居民储能以促进其发展，总资金剩余的25%分配给发电。

2017年4月，根据Assembly Bill (AB) 1637议会法案，委员会对SGIP计划进行了修改，主要是①增加了总预算经费并提高了储能占总预算的比例；②储能的比例设定为85%（其中90%分配给10kW以上的储能，10%分配给不高于10kW的居民储能），除第一、第五阶段不增加预算外，第二、三、四阶段分别增加34%、33%、33%；总预算剩下的15%分配给可再生能源发电项目。

2017年10月，在SGIP计划中增加了平衡预算（Equity Budget），将预算中储能的25%分配给处于污染严重地区及收入较低群体，该平衡计划从第三阶段（Step 3）开始执行。新版SGIP将进行五轮的补贴资金发放。第一轮（Step 1）于5月1日起开始执行，当一轮资金被申请完后，将有20天的暂停期，然后再开始新一轮的补贴（Step 2），且补贴标准将减少0.1美元/（W•h），之后三轮补贴标准将平均以0.05美元/（W•h）的幅度递减。目前，SGIP计划见表5-4。

表5-4　现阶段SGIP补贴计划　美元/（W•h）

预算	项　目	第一阶段	第二阶段	第三阶段	第四阶段	第五阶段
普通预算	大型储能（>10kW）	0.50	0.40	0.35	0.30	0.25
	大型储能（同时申请投资税收抵免）	0.36	0.29	0.25	0.22	0.18
	居民储能（≤10kW）	0.50	0.40	0.35	0.30	0.25
平衡预算	非居民	—	—	0.35	0.30	0.25
	非居民（同时申请投资税收抵免）	—	—	0.25	0.22	0.18
	居民	—	—	0.35	0.30	0.25

5.3.3 投资税收减免

2017年10月，投资税收减免（Investment Tax Credit，ITC）是政府为了鼓励绿色能源投资而出台的税收减免政策，由光伏充电的储能项目可按照储能设备投资额的30%抵扣应纳税。

2016年，美国储能协会向美国参议院提交了ITC法案，明确先进储能技术都可以申请投资税收减免，但该税收减免对象不得为公共机构、学校或联邦机构，而只能是私人机构或个体。

为推动储能与光伏发电的协同发展，对于居民用户储能[1]，政策要求100%的电力来自于光伏发电，才能享受税收减免，支持比例为系统投资的30%，否则不能享受补贴；对于工商业储能[2]，要求储能系统储存的电能必须有不少于75%来自于光伏发电，才可享受ITC支持，这一支持比例是系统投资的30%，当储能75%～99.9%的电力来自于可再生能源发电时，税收减免额为该比例与30%的乘积，假设储能80%电力来自光伏发电，其税收减免额为储能设施成本的30%×80%即24%；当储能电力全部来自于可再生能源发电时，才可享受30%的税收减免。对于是否超过75%的计量方法，要求以356天为计量周期，计量单位推荐为英热单位Btu，比较源自光伏的能量占总能量的比重。

目前阶段，ITC的减免比例为30%，但该比例会逐渐降低，从2020年开始，新装居民及商业用户光伏设备减免比例将降为26%（2020年）、22%（2021年），从2022年开始，仅商业用户光伏设备可享受10%的减免比例。

5.3.4 净电量结算机制

净电量结算（Net Energy Metering，NEM）用以支持用户侧的光伏发电，用户表计会记录用户从电网购电和用户光伏向电网注入电力情况，在向用户收取电费时，只需要收取净值部分，但用户仍需按月缴纳输配电费和表计服务费（transmission，distribution，and meter service charge）。电网公司以一定价格

---

[1] 在Internal Revenue Code 25D Residential energy efficient property中并未有针对出储能可以享受税收减免的条款，居民储能可享受税收减免来自于2018年美国税务部门的私人信件裁定（Private Letter Ruling）PLR201809003，该私人信件裁定认为居民表后光伏储能可享受税收减免。

[2] 在Internal Revenue Code 48 Energy credit中并未有针对出储能可以享受税收减免的条款，工商业用户储能可享受税收减免来自于2013年美国税务部门的私人信件裁定PLR201308005。

从安装可再生能源发电设备的用户购买多余电力，或从消费者总账单中扣除可再生能源发电量，相当于以市场电价给予固定的支付，在美国，该政策主要针对小容量机组及终端家庭用户，该政策有利于用户回收光伏发电投资。

目前加州 PG&E 公司制定了一系列的 NEM 机制，针对小于 30kW 的居民和商业用户制定了标准 NEM（Standard Net Energy Metering，SNEM），对于大于 30kW 的用户套餐就更加多样，主要包含 Expanded Net Energy Metering（NEM2EXP）、Net Energy Metering Aggregation（NEM2A）、Net Energy Metering Virtual（NEM2V）、Net Energy Metering for Fuel Cells（NEMFC）、Net Energy Metering Multiple Tariff（NEM2 - MT）、Non - Export 等。

由于储能电量并非全部来源于可再生能源，因此其并不直接适用于 NEM，在满足一定条件下，**其中适用于储能的有 Non - Export 和 NEM2 - MT**。Non - Export 适用于所有类型及容量的机组，只要满足以下条件之一。

（1）安装了逆功率保护装置（reverse - power protection）；

（2）安装了低功率保护装置（under - power protection）；

（3）发电设备互联装置为经鉴定的非孤岛装置（certified as non - islanding），并且该互联装置会限制发电设备偶发的电能返送；

（4）发电设备额定容量不超过前 12 个月内用户最小负荷的 50%；

（5）发电设备可完全补偿用户负荷，且需满足以下两个条件：①优化发电设备容量并通过控制装置进行负荷追踪，可满足自身峰值负荷；②发电设备有条件的（或无意的）向配电网或输电网反送电 24h 内不可超过 2 次，其返送需超过 2s 但不超过 60s。如果选择按照条件（5）来执行，必须满足条件（1）或（2）。

NEM2 - MT 适用于以下情况，用户有符合 NEM 要求的发电设备[1]，其该

[1] 符合 NEM 的发电设备（NEM Eligible Generation）主要是指 Biomass、Solar Thermal、Photovoltaic（PV）、Wind、Geothermal、Fuel Cell on Renewable Fuels、Small Hydroelectric、Digester Gas、Municipal Solid Waste Conversion、Ocean Thermal 等，源自 NEM Overview Net Energy Metering 2014 - 04 - 28。

机组与不向电网反送电的设备或 NEM 燃料电池发电设备配合使用。当储能适用该规则时，要求储能设施与符合 NEM 要求的机组相互配合，且当储能设备输出功率大于 10kW 时，储能的功率不可超过 NEM 合格机组功率的 150%。NEM2 - MT 系统中：①符合 NEM 要求的机组部分容量不可超过 1MW；②非 NEM 机组部分容量不可超过 1MW；③用户费率为分时电价费率；④用户不可通过使用 PG&E 或加州独立系统运营商设施出售电力。

5.3.5 对我国的启示

一是储能的发展离不开国家政策支持，但针对储能不宜制定单独的电价政策，而应将储能纳入现有的价格机制之中。在现有的价格机制中可针对储能特性进行部分修补或调整，如制定补贴或税收政策，以稳定储能收入预期，促进储能产业的发展。

二是随着储能技术进步及经济性的提高，补贴应逐步降低直至取消。长时间的储能补贴不利于激励储能产业技术升级，此外也会加重财政或电力用户负担，应设定逐步降低的补贴计划。

5.4 国外电网投资激励机制分析及启示

20 世纪 80 年代前，各国普遍采用“回报率规制”模式，80 年代后，激励性规制理论迅速发展，以英国为代表的一些国家将这些理论应用于输配电价格规制。目前，各国输配电规制实践的基本框架是回报率规制和上限规制，并结合使用标尺竞争、收入或利润分享、固定利润（浮动利润率）、菜单组合等补充机制。如英国的 RIIO[1] 监管模式，以产出绩效为核心来确定其他的管制变

---

[1] RIIO 监管模式（RIIO 强调输配电企业的收入（Revenue），依据激励机制（Incentives）、创新机制（Innovation）和产出绩效（Outputs）来综合进行确定，即“Revenue=Incentives+Innovation+Outputs”）。

量，脱离了单纯的管制价格或者收益率等以往的管制模式。美国电网监管仍采用投资回报率监管，但在准许成本、合理收益率以及折旧率等定价因素的确定上都进行了完善并引入了绩效监管。

我国电网目前正处在较快发展时期，泛在电力物联网建设、电能大范围配置工程建设、坚强智能电网和适应可再生能源发电并网的电网工程建设、提高可靠性与安全性的电网工程建设等当下仍需要保持一定的投资规模。本节梳理了英国、美国和澳大利亚电网投资激励机制，以为我国电网投资激励政策制定提供借鉴。

5.4.1 英国电网投资激励机制

在从 2013 年 4 月开始，英国采用 RIIO 模型控制输配电价格。RIIO 管制模型依据审查后的企业成本及回报率等收益参数来确定网络运营商的预期收入上限，由此确定网络企业的价格上限，并且在规制周期内根据企业运营绩效，通过效率激励和其他一些非固定机制对价格进行调整。为提高对企业降低成本的激励，该模型将管制周期从 5 年延长到 8 年；为鼓励电网公司采用创新性技术以适应低碳经济的发展（如可再生能源接入、电动汽车充电），RIIO 模型首次在收入中引入与创新相关的部分；该模型还鼓励电网公司与用户建立更紧密的联系，为当前以及未来的用户提供价值信号。英国的投资监管方法则嵌套在 RIIO 模型中。英国对输配电网的投资监管办法总结如下：

（1）投资的确定需要与各利益相关方进行充分的交流。投资是为了实现得到各方认可的既定产出。因此，既定产出目标及其奖惩制度的设定，给予了电网企业进行必要投资的压力，能够有效地保证电网企业进行投资。

（2）投资成本的审核分门别类，分别确定投资规模。英国监管部门将配电网投资分为与负荷相关的投资、与负荷不相关的投资两个大类，输电网投资还包括非运营的资本支出。在大类中又设置了个小类。针对每一个小类设置了投资确定模型，并在能够利用对标法的情况下，优先使用此法，以此来确定每类投资的规模。因为是事前预测，因此在投资确定的模型中，必然存在预设的参数。例如在确定配电网连接点的投资规模时，电力需求是一个极为重要的变量。但对于电力需求的预测并不一定准确，在未来的监管周期内，有可能突破原本预设的电力需求。因此，需要有不确定机制来确保电网企业以及消费者的利益。

详细的配电网投资监管目录分类见表5-5，输电网投资监管目录见表5-6。

表5-5　　英国配电网投资监管目录及监管方式表

一级目录	二级目录	含　义	监管方式
与负荷相关的投资	连接	网络升级或新增接出点	事前核算收入，监管期审核的不确定调整，对标单位成本
	一般性加固	满足新负荷增长，不针对特定消费者	事前核算收入，监管期审核的不确定调整；特别审查、对标单位成本
	故障等级加固	为了减轻开关设备或其他设备故障水平进行的加固	事前核算收入，因预测较难，故通过单位成本对标设置基准线
	改道、通行权以及地役权	企业因土地通行权转换或终止，而改道以及由于新道路和街道工程而支付的费用	事前核算收入，没有审核调整机制，采用分电压等级的数量驱动不确定机制
	大额项目	2500万英镑以上的项目	事前核算收入，监管期审核的不确定调整
	输电连接点	输电网与配电网的连接	新增的：事前核算收入，监管期审核的不确定调整
与负荷无关的投资	资产置换	寿命到期资产的更换	事前核算收入，利用资产寿命模型确定；非模型资产（架空极线、变电站、其他）采用趋势法和专家审查法确定
	运营信息技术与通信	对网络资产的实时管理，但不计入网络资产	事前核算收入，利用专家审查法确定
	法律与安全	为满足安全要求和保障工作人员和公众产生的费用	事前核算收入，分7项逐一审查

续表

一级目录	二级目录	含　义	监管方式
与负荷无关的投资	电力安全质量与供电连续性管制	达到安全标准以及保障连续供电的投资	不单列，视为投资计划的一部分
	服务质量	保障服务质量的投资	由于有IOI，部分服务质量成本已纳入基准收入，故无事前收入
	防洪减灾	减少洪涝灾害损失的投资	事前核算收入，风险点移除的单位成本对标确定
	英国电信21世纪计划	专项计划投资	事前核算，利用DNO的预测，逐项审查
	高影响低概率	增加高风险地区供电安全性	与其他支出合并
	环境领域	油污、六氟化硫气体泄漏等	事前核算，成本收益分析
	增强物理站点安全	确保配电站点的安全运行	事前核算收入，监管期内审查的不确定机制
	黑启动	大面积停电后的系统自恢复	事前核算收入，没有不确定机制
	直上和横向的干线	如三相电缆等	事前核算收入，利用单位成本对标确定

注　根据OFGEM的资料整理。

表5-6　　英国输电网投资监管目录表

一级目录	二级目录	含　义	监管方式
与负荷相关的投资	本地接入工程	将客户接入输电网络	基于驱动因素确定：容量要求、新客户所处的位置、既有客户的需求
	扩展工程	为满足安全性及服务质量标准进行的加固或扩容	
	输电系统支撑	减少输电阻塞的行为	
与负荷无关的投资	核心设备资产	资产（变压器、开关、架空线、地下电缆、电缆通道）的置换和整修	基于驱动因素确定：资产健康状况、投资失败风险及其对输电网的影响程度；事前核算收入；不确定机制
	非核心设备资产	资产（反应器、仪表、控制系统、防洪设备、其他杂项）的置换	

续表

一级目录	二级目录	含　义	监管方式
非运营的资本支出	IT 和电信投入	新增或置换的非输电系统资产	事前核算收入；不确定机制
	移动设备、发电机等机动设备		
	用于行政活动的土地和建筑		

注 根据 OFGEM 的资料整理。

（3）建立投资确定（预测）模型和不确定机制。英国电网投资规模的预测基于成本驱动因素建立对标模型，首先预测总支出，包括根据分项自下而上的预测模型和总体的自上而下的预测模型，然后根据上述各个分类单独对每一小项建立成本对标模型预测分类支出。最后，监管部门根据一定权重形成组合预测结果，三种模型的权重分别为 25％、25％和 50％，即监管部门测算的成本＝25％自下而上模型＋25％自上而下模型＋50％分类支出对标模型。而最终监管部门批准的准许成本则进一步由监管部门测算结果和企业自身测算结果加权得到，权重分别为 75％和 25％。这种综合监管部门和企业自身预测结果的成本核定方法，配以信息激励机制，能够激励电网企业提供更准确的信息。投资中的不确定机制即在事前定价时，对事前不能完全确定的一系列因素进行的调整。每一类投资的确定都根据预测技术以及可以利用的数据、资料的情况安排了适用的不确定机制。如前述的配电网连接点投资中，当需求突破了预设的数量时，将在每年或监管中期对核定的投资进行调整。当然，部分投资项目被认为是电网企业利用自身的信息优势能够较为准确预测的，将不设置任何形式的调整机制。如有关黑启动的投资。

（4）利用风险分享机制，激励投资效率提升。英国监管机构在成本效率审查时，并不区分投资成本与运营成本，而是从总成本的角度来确定成本效率。因此，首先总成本的节约在监管周期内能够被企业所保留，给予了电网企业极大的成本节约的激励；其次，给予电网企业充分的自由裁量权来实现投资成本与运营成本各自的比例。例如某些输配电设备，虽然达到了折旧年限，但器材本身仍能使用，电网企业能够根据产出目标自行决定是使用投资还是运营。这一制度安排有助于对投资成本的节约。

总结起来，监管既要防止企业过度投资，又要保障企业进行必要的投资。因此，对于投资的监管涉及相互支撑的三个方面：其一，以产出的绩效来促使企业进行必要的投资；其二，以前述的投资模型加不确定调整机制，确定投资规模并防止企业过度投资；其三，以效率激励来促使企业提高投资效率，达到节约投资的目的。

5.4.2 美国电网投资激励机制

美国自 20 世纪初以来，输配电价格的监管一直都以投资回报率监管为主，该模式下，20 世纪 70 年代美国电网出现了过度投资。而后又因为电力市场化改革导致电网产权和监管权限的分散化，使得跨区域输电网投资在此之后持续下降。目前美国电网监管仍采用投资回报率监管，但在准许成本、合理收益率以及折旧率等定价因素的确定上都进行了完善并引入了绩效监管。

美国的联邦和州分别负责跨州输电项目和本辖区内配电项目的审核和监管。其中，输电和配电的监管方法和流程均比较类似，输配电价的管制都是以准许成本加准许收益为原则。下文以联邦能源监管委员会以及走在美国电改前列的加利福尼亚州为例，分析美国的电网投资监管流程和方法。

（1）科学有效的电网投资规划。制定输电规划时，加州独立系统运营中心（CAISO）进行输电投资规划则主要考量三个因素：可靠性、公共政策驱动的需求、经济性驱动的需求。年度可靠性评估方面，包括电力潮流分析、暂态稳定性分析和电压稳定性分析，标准包括 NERC 的标准、WECC 的区域性标准以及 CAISO 十年规划期的规划标准。政策驱动的需求预测方面，主要考察可再生能源组合标准带来的投资需求，该标准要求到 2020 年该州 33%的电力零售额由合格的可再生资源提供，这对发电和输电设施都提出了新的投资需求。每年的输电规划流程都会对该年度是否存在由该政策驱动的投资需求进行重新评估。经济性方面，规划研究主要对不同的收益进行评估和量化。首先生产效益通过对生产成本进行模拟得以量化，通过比较项目前和项目后的研究结果，生产效益可由生产成本的节约或用户付费的减少来衡量；其次对包括容量效益在内的其他收益也进行评估。容量收益包括系统资源充足性的节约和地方容量的节约，除了生产效益和容量效益之外，任何其他可应用和可量化的效益都可以包括在内。计算总经济效益后，将收益与成本进行权衡。综上，美国的电网投资监管首先基于科学的电力需求预测，并综合考虑可靠性、政策需求、经济性需求等因素制定出输电投资的规划，由输电规划明确具体投资项目，因此电网投资及其审核均有科学的依据和标准。

（2）投资审批考虑的综合因素。在加州，对输电项目的经济性评估中，其效益也是既包括经济效益，也包括其他难以量化的社会效益。计算总效益后，将收益与成本进行权衡，成本是《输电经济性评估方法》文件中所述的项目的总收入要求。只有 ISO 用户的收益大于电网升级的成本，所提议的电网升级计划才被认为是合理的并有资格成为经济性驱动的项目。同时，在进行经济性驱动项目的最终决策中，还会考虑其他难以量化的收益和风险。经济性评估从电力系统模拟这一工程分析开始（使用生产成本模拟和电力潮流分析）。根据工程分析的结果，进行成本收益分析，从而正式进入经济性评估阶段。

（3）丰富的投资激励机制。美国电网企业的有效资产是电网企业需要获得合理收益的固定资产净投资，通常包括输配电线路、变压器、变容器以及其他输配电设备的净投资，即相关投资总额减去累计折旧。美国在有效资产的认定方面，主要有以下几个标准：一是投资项目必须满足经济性和可靠性，这也是投资审核的要求；二是相关线路和设备正在使用，而非处于闲置状态；三是其利用率需达到事先设定的水平，否则需将其投资额按利用程度进行折算。此外，通常情况下 50%的在建工程被计入投资，这样电网企业可以收回一部分建造成本，同时也保障用户免于在相关电网设施投入使用前完全支付投资费用；但在一些特定情况下，考虑到投资周期长、现金流不足等问题，也可以将在建工程100%计入成本补偿。并且，对于由电网企业无法控制的因素导致的被取消的输电设施投资，也100%计入成本补偿，由此为电网企业提供投资激励。

（4）激励与约束相融。总体来说，美国对电网的监管目标既包括激励电网投资，也包括提高投资的经济性和效率，避免盲目和过度的投资，体现了激励约束兼容。在约束方面，对有效资产的严格认定标准、运用标杆对比或竞争性招投标确定运行维护费用、严格管理的合理收益率等，均体现了美国监管机构对输配电收益的严格管控，进而避免无效、盲目的投资。在激励方面，通过将在建工程和外因导致的输电工程被取消的投资100%计入成本补偿、对部分项目加速折旧法计提折旧、为高风险项目设置较高的合理收益率等，激励电网企业在合理范围内的投资。同时，通过成本控制与激励机制、基于绩效的收益等机制设计，激励电网企业提高绩效、降低投资成本。

5.4.3 澳大利亚电网投资激励机制

澳大利亚的投资监管中关于投资确定方法相比于英国较简化，但吸取了英国监管模式的精髓，在投资核定、投资激励、创新激励中都有所体现。如分别对投资成本与运营成本进行审查，其中投资成本的确定分为按照需求变化要求的升级或置换支出、旧资产的置换两类。方法上主要采用分项层面的对标分析与统计分析建立预测模型，其他方法还包括成本收益分析、项目审查、方法审查、管理和政策审查等。同时，在下一个监管周期开始前，监管部门需要对本轮监管中的投资支出进行再审查，以确定一个合适的预测起始节点。

除了上述对投资效率的激励设置了资本支出分享计划，还有运营效率收益分享计划、服务目标效率激励计划以及对技术创新提供支持的需求管理激励计划。这些机制都是激励中立的，即体现了激励和约束的兼容。澳大利亚在输配电监管中，设计并实施了以下三方面主要的激励与约束相融机制：

（1）引入针对资本性支出的效益分享机制（CESS）。该机制下，如果配电公司在某一监管年度资本性支出减少，从而在该监管期内效率得到提高，则该年度的支出减少量将留转5年（与监管周期相同），配电公司在接下来的5年里依然可得到效率提升带来的收益，相反若该监管期效率下降，超出的支出也会对未来支出的补偿造成影响。效率提升实现的增收或承担效率下降所致的损失将由配电公司与用户共享。该机制可以抑制配电企业盲目投资的冲动，也对配电企业持续提高经营效率、降低经营成本提出了更高的要求。

（2）对对标结果差的电网企业进行惩罚。在某监管期内，如果一家配电企业的对标结果明显差于其他配电公司，这家公司在本监管期期末申请下一监管周期收入时，监管机构会将这家公司与对标平均水平之间的差距部分直接从配电公司提交的收入申请建议中减掉。这对具有垄断地位的电网企业认为形成竞争关系，从而激励其提高投资效率。

（3）对资本性支出进行更严格的事后审查。监管机构将对已完成资本性支出进行事后审查，如果出现超支情况，且监管机构认为部分或全部超支是无效率支出，将无法计入下一监管期的资产基数，超支部分由配电企业自行承担。这就要求配电企业必须更加审慎、高效地进行必要的投资。

5.4.4 经验总结及启示

一是坚持事前定价机制。不管采取上限制还是投资回报率管制模式，大部分国家采用的都是事前定价。投资规模确定方面，事前定价的投资审查都是根据分项确定的。这样有助于监管部门掌握电网投资的细节，同时也有助于设计详细的不确定调整机制，防止电网企业利用信息优势，随意提出调价申请。同时，多数国家都采用组合预测的方法，以克服单一方法的缺陷。由此可见，国外在采用事前定价方式时，非常重视预测技术，并设定充足的时间以保障预测和规划的准确性。

二是根据需要实施类型多样的激励机制。英国已构建形成系统的输配电激励性管制体系。成本方面，通过不再区分投资成本与运营成本，激励企业选择长期来看最优的成本结构；执行激励方面，利用信息机制激励企业按实际需要做出投资决策；创新激励方面，利用创新激励机制提供专项研发资金，促进企业提高技术与管理的效率。美国对电网投资激励机制主要针对电网企业投资意愿和投资绩效提升两方面，同时也采取一些措施降低电网企业新增投资的风险。总体来说，对投资规模的激励主要是利用利润分享；投资结构的激励可以选择基于可变回报率的方式（如美国），也可选择基于总成本审核的方式（如英国）或附加效率的总成本审核方式（如澳大利亚）。

三是要配套设计调整机制。英国不确定调整机制主要有三类：第一类是监管期内固定时间的重新审查制；第二类是当实际情况超过了预设的参数的一定程度时，收入自动调整；第三类是监管周期结束后进行审查。美国对增量投资的调整机制主要体现在事中监管上，电网企业可以在当前收益率不再合理时提出调价要求，同时电网企业提出调价要求时，也必须对其所有成本进行审核。由于事中调整机制较为完善，美国没有针对实际收入与准许收入的差额设置平衡账户。上述国家均设置了具体的增量投资的调整机制，差异在于是侧重于对总成本核定与利润分享，还是设置差异化的收益率上。

四是要建立系统、科学的投资监管制度。国外的投资监管，特别注重企业信息库的建立，每月、每年都要求相关企业按照规定的格式报送信息，监管周期末也将对本期监管的成果进行评估。所有的信息都将收集整理，方便后续监管利用。特别是对于周期性成本的确定，严重依赖于历史成本的趋势分析。另一方面，投资监管中注重消费者的参与，使得整个监管过程并不仅仅局限在政府与企业之间，而是将经济监管作为一个政府、企业、社会三方相互协调、共同商讨、开放性的过程，让监管结果被社会接受。

五是预测技术要与不确定机制相互配合。世界典型国家在预测投资规模时采用了各自适应的模型技术。英国在审核投资时，使用的自上而下（Top -

Down）模型与自下而上（Bottom - Up）模型常常都是一元一次方程。而美国则结合复杂模型和简单模型的结果，通过对比最终确定预测的投资需求。在此基础上，针对不可合理预测的部分制定了调整机制，如美国开展有力的基于执行过程的调整。不确定调整机制是建立在电网投资预测基础上的，可以根据投资分类审核目录中的预测参数建立计划外投资的调整动因，但仅是电网企业不能控制的参数才有调整机制。

附录 1 各国货币单位及汇率

国家(地区)	货币单位	2004 年	2005 年	2006 年	2007 年	2008 年	2009 年	2010 年	2011 年	2012 年	2013 年	2014 年	2015 年	2016 年	2017 年	2018 年
澳大利亚	澳元	1.359	1.313	1.328	1.195	1.198	1.282	1.090	0.969	0.966	1.036	1.109	1.331	1.345	1.305	1.338
奥地利	欧元	0.805	0.805	0.797	0.730	0.684	0.720	0.755	0.719	0.778	0.753	0.754	0.902	0.902	0.887	0.847
比利时	欧元	0.805	0.805	0.797	0.730	0.684	0.720	0.755	0.719	0.778	0.753	0.754	0.902	0.902	0.887	0.847
加拿大	加元	1.301	1.212	1.134	1.074	1.068	1.141	1.030	0.989	0.999	1.030	1.105	1.278	1.325	1.298	1.296
智利	比索	—	559.710	530.280	522.230	523.540	558.940	509.980	483.420	485.980	495.280	570.64	654.32	676.96	648.834	641.277
捷克	捷克克朗	25.690	23.950	22.590	20.290	17.080	19.050	19.080	17.672	19.538	19.560	20.758	24.593	24.441	23.376	21.73
丹麦	丹麦克朗	5.988	5.996	5.943	5.443	5.099	5.359	5.622	5.357	5.790	5.618	5.619	6.725	6.731	6.603	6.315
爱沙尼亚	欧元	—	0.804	0.797	0.731	0.684	0.720	0.755	0.719	0.778	0.753	0.754	0.902	0.904	0.887	0.847
芬兰	欧元	0.805	0.805	0.797	0.730	0.684	0.720	0.755	0.719	0.778	0.753	0.754	0.902	0.902	0.887	0.847
法国	欧元	0.805	0.805	0.797	0.730	0.684	0.720	0.755	0.719	0.778	0.753	0.754	0.902	0.902	0.887	0.847
德国	欧元	0.805	0.805	0.797	0.730	0.684	0.720	0.755	0.719	0.778	0.753	0.754	0.902	0.902	0.887	0.847
希腊	德拉马克	0.805	0.805	0.797	0.730	0.684	0.720	0.755	0.719	0.778	0.753	0.754	0.902	0.902	0.887	0.847
匈牙利	福林	202.60	199.50	210.40	183.60	172.50	202.10	207.80	200.90	224.80	223.60	232.6	279.2	281.5	274.433	270.212
爱尔兰	欧元	0.805	0.805	0.797	0.730	0.684	0.720	0.755	0.719	0.778	0.753	0.754	0.902	0.902	0.887	0.847
以色列	谢克尔	—	4.487	4.457	4.109	3.585	3.927	3.731	3.574	3.850	3.609	3.577	3.887	3.841	3.600	3.591

续表

国家(地区)	货币单位	2004 年	2005 年	2006 年	2007 年	2008 年	2009 年	2010 年	2011 年	2012 年	2013 年	2014 年	2015 年	2016 年	2017 年	2018 年
意大利	欧元	0.805	0.805	0.797	0.730	0.684	0.720	0.755	0.719	0.778	0.753	0.754	0.902	0.902	0.887	0.847
日本	日元	108.193	110.218	116.299	117.754	103.359	93.570	87.780	79.807	79.790	97.596	105.945	121.044	108.793	112.166	110.423
韩国	韩元	1145.32	1024.12	954.79	929.26	1102.05	1276.93	1156.06	1108.29	1126.47	1094.85	1052.96	1131.16	1160.43	1130.43	1100.56
卢森堡	欧元	0.805	0.805	0.797	0.730	0.684	0.720	0.755	0.719	0.778	0.753	0.754	0.902	0.902	0.887	0.847
墨西哥	墨西哥比索	11.281	10.890	10.903	10.930	11.150	13.504	12.632	12.434	13.150	12.770	13.306	15.874	18.627	18.927	19.244
荷兰	欧元	0.805	0.805	0.797	0.730	0.684	0.720	0.755	0.719	0.778	0.753	0.754	0.902	0.902	0.887	0.847
新西兰	新西兰元	1.509	1.421	1.542	1.361	1.425	1.600	1.388	1.267	1.235	1.220	1.206	1.434	1.437	1.407	1.445
挪威	挪威克朗	6.739	6.441	6.415	5.858	5.648	6.290	6.045	5.605	5.815	5.877	6.302	8.064	8.4	8.272	8.133
波兰	兹罗提	3.651	3.234	3.103	2.765	2.410	3.119	3.015	2.962	3.252	3.160	3.154	3.77	3.944	3.779	3.612
葡萄牙	欧元	0.805	0.805	0.797	0.730	0.684	0.720	0.755	0.719	0.778	0.753	0.754	0.902	0.902	0.887	0.847
斯洛伐克	斯洛伐克克朗	1.070	1.030	0.984	0.819	0.709	0.720	0.755	0.719	0.778	0.753	0.754	0.902	0.904	0.887	0.847
斯洛文尼亚	欧元	—	0.804	0.797	0.731	0.684	0.720	0.755	0.719	0.778	0.753	0.754	0.902	0.904	0.887	0.847
西班牙	欧元	0.805	0.805	0.797	0.730	0.684	0.720	0.755	0.719	0.778	0.753	0.754	0.902	0.902	0.887	0.847
瑞典	瑞典克朗	7.346	7.472	7.373	6.758	6.597	7.653	7.202	6.489	6.769	6.513	6.860	8.429	8.556	8.549	8.693
瑞士	瑞士法郎	1.243	1.246	1.253	1.200	1.084	1.086	1.043	0.887	0.938	0.927	0.915	0.962	0.985	0.985	0.978
土耳其	土耳其镑	1.426	1.341	1.430	1.300	1.299	1.547	1.499	1.672	1.792	1.905	2.189	2.723	3.022	3.648	4.828
英国	英镑	0.546	0.550	0.543	0.500	0.546	0.641	0.648	0.624	0.631	0.640	0.607	0.655	0.74	0.777	0.750
南非	兰特	6.460	6.359	6.770	7.050	8.260	8.470	7.458	6.780	8.200	9.648	10.8475	12.76	14.71	13.334	13.244
中国	人民币元	8.277	8.193	7.973	7.610	6.950	6.830	6.807	6.465	6.313	6.193	6.143	6.2284	6.64	6.759	6.616
美国	美元	1	1	1	1	1	1	1	1	1	1	1	1	1	1	1

附录 2 计量单位中英文对照表

英文单位	中文单位
d	天
t	吨
L	升
m^3	立方米
MMBtu	百万英热单位
mcf	千立方英尺
kcal	千卡
kW	千瓦
kW•h	千瓦时
kvar	千乏

附录3　历年能源价格表

1. 石油价格

附表 3-1　　2004—2018 年原油期货价格　　美元/桶

项　目	2004 年	2005 年	2006 年	2007 年	2008 年	2009 年	2010 年	2011 年	2012 年	2013 年	2014 年	2015 年	2016 年	2017 年	2018 年
WTI	41.47	56.7	66.25	72.41	99.75	62.09	79.61	95.11	94.15	98.05	92.91	48.79	43.40	50.80	64.81
Brent	38.04	55.25	66.11	72.66	98.52	62.67	80.34	110.91	111.67	108.70	99.45	53.60	48.54	54.19	71.64

资料来源：WTI 来源 https：//www.eia.gov/，Brent 来源 Wind 数据库。

附表 3-2　　2004—2018 年国际原油现货价格　　美元/桶

国际原油	2004 年	2005 年	2006 年	2007 年	2008 年	2009 年	2010 年	2011 年	2012 年	2013 年	2014 年	2015 年	2016 年	2017 年	2018 年
迪拜原油	33.64	49.35	61.50	68.19	94.34	61.39	78.06	106.18	109.08	105.47	97.07	51.20	41.19	53.13	69.51
布伦特原油	38.27	54.52	65.14	72.39	97.26	61.67	79.50	111.26	111.67	108.66	98.95	52.39	43.73	54.19	71.31
尼日利亚福卡多斯原油	38.13	55.69	67.07	74.48	101.43	63.35	81.05	113.65	114.21	111.95	101.35	54.41	44.54	54.31	72.47
西得克萨斯中质原油	41.49	56.59	66.02	72.20	100.06	61.92	79.45	95.04	94.13	97.99	93.28	48.71	43.34	50.79	65.20

资料来源：《BP 世界能源统计 2019》。

附表 3-3　　2004—2018 年部分国家（地区）原油现货离岸（FOB）价格　　美元/桶

国家（地区）		2004 年	2005 年	2006 年	2007 年	2008 年	2009 年	2010 年	2011 年	2012 年	2013 年	2014 年	2015 年	2016 年	2017 年	2018 年
地区	平均	33.75	47.6	57.03	66.36	90.32	57.78	74.19	101.66	99.78	96.56	85.65	41.92	45.58	45.58	56.31
	波斯湾	33.08	47.21	56.02	69.93	91.44	59.53	75.65	106.47	105.45	100.62	94.03	46.20	50.16	50.16	66.55
	OPEC 国家	33.95	49.6	59.18	69.58	93.15	58.53	75.23	105.34	104.39	100.57	89.76	43.19	49.55	49.55	65.61
	非 OPEC 国家	33.58	45.79	55.35	62.69	87.15	57.16	73.24	98.49	95.71	93.67	82.95	41.23	43.30	43.30	51.41
国家	安哥拉	37.26	52.48	62.23	67.80	95.66	57.07	78.18	111.82	111.23	107.71	w	w	w	w	74.44
	哥伦比亚	37.73	51.89	59.77	67.93	91.17	57.90	72.56	100.21	106.43	101.24	80.75	47.21	48.34	48.34	62.51
	墨西哥	31.55	43.00	52.91	61.35	84.61	56.47	72.46	100.90	101.84	98.40	86.55	44.76	46.66	46.66	62.75
	尼日利亚	38.71	55.95	65.69	76.64	102.06	64.61	80.83	115.35	114.51	110.06	w	w	54.77	54.77	71.41
	沙特阿拉伯	34.08	47.96	56.09	w	93.03	57.87	76.44	107.08	106.65	101.16	95.60	46.66	51.30	51.30	68.23
	委内瑞拉	31.78	46.39	55.8	64.1	88.06	55.58	70.3	97.23	100.15	97.52	84.51	41.09	45.60	45.60	61.25

资料来源：https：//www.eia.gov/，EIA。

注　w 表示为了避免个别公司数据披露而隐瞒。

附表 3-4　　2004—2018 年部分国家原油进口到岸（CIF）价格　　美元/桶

国　家	2004 年	2005 年	2006 年	2007 年	2008 年	2009 年	2010 年	2011 年	2012 年	2013 年	2014 年	2015 年	2016 年	2017 年	2018 年
奥地利	38.21	53.15	64.44	71.86	103.05	60.69	80.00	110.92	112.50	110.63	103.81	55.52	42.89	c	71.12
澳大利亚	40.93	56.71	66.71	77.13	107.83	63.40	82.60	115.66	117.78	114.19	107.05	57.90	46.87	57.36	76.03
比利时	35.35	50.06	61.06	70.35	96.01	61.77	79.65	110.50	110.83	108.45	98.49	51.65	42.06	53.01	70.68

续表

国　家	2004 年	2005 年	2006 年	2007 年	2008 年	2009 年	2010 年	2011 年	2012 年	2013 年	2014 年	2015 年	2016 年	2017 年	2018 年
德国	36.65	52.30	63.29	71.60	96.70	61.18	78.49	110.63	112.21	109.62	99.76	52.65	42.80	53.93	70.50
法国	37.61	52.74	63.69	72.22	97.61	61.64	79.78	111.78	112.01	109.56	99.40	53.14	43.48	54.34	71.59
韩国	36.15	50.19	62.82	70.01	98.11	61.12	78.72	108.63	113.24	108.59	101.24	53.32	41.00	53.41	71.56
荷兰	35.02	50.00	61.47	68.74	97.89	60.54	78.55	109.19	111.54	108.55	99.22	51.66	41.62	52.98	69.99
加拿大	38.13	52.37	64.33	70.04	101.41	60.29	79.14	110.80	110.61	108.60	98.60	53.48	43.57	54.43	70.88
美国	35.86	48.82	59.15	66.77	94.97	58.82	76.02	102.43	101.16	97.25	89.43	45.83	37.94	48.18	59.19
日本	36.59	51.57	64.03	70.09	100.98	61.29	79.43	109.30	114.75	110.61	104.16	54.20	41.79	54.32	72.85
瑞典	36.47	51.78	62.50	70.13	95.09	60.58	79.00	110.67	112.36	109.10	97.75	51.19	42.41	54.07	71.49
西班牙	36.03	50.54	60.99	68.66	94.86	59.78	77.84	108.50	109.48	106.77	97.07	49.51	40.08	51.72	69.02
希腊	34.53	50.33	60.97	69.93	93.60	60.10	78.97	109.41	111.92	107.61	95.55	49.32	40.08	c	68.14
新西兰	41.71	56.07	67.36	73.84	105.80	65.85	80.62	112.38	117.70	113.43	105.96	57.99	44.91	56.23	75.68
意大利	36.60	51.33	62.50	70.20	96.67	60.69	79.29	110.23	112.18	109.98	99.09	52.06	42.33	53.06	70.88
英国	37.75	53.79	65.00	73.80	99.34	62.39	80.60	113.49	112.62	110.27	100.07	53.81	44.62	54.76	72.65
中国	37.57	51.20	62.24	66.51	98.37	59.59	76.84	105.43	110.78	106.07	100.63	54.53	41.17	52.43	70.90

资料来源：1. 国外数据来源于《Energy Prices and Taxes，2nd Quarter 2019》，IEA。
　　　　　2. 中国数据来源于《中国统计年鉴 2008 年》～《中国统计年鉴 2018 年》。

注　中国数据根据每年进口量和进口额计算，c 表示数据保密。

附表 3-5　　2004—2018 年部分国家优质无铅汽油价格　　美元/L

国　家	2004 年	2005 年	2006 年	2007 年	2008 年	2009 年	2010 年	2011 年	2012 年	2013 年	2014 年	2015 年	2016 年	2017 年	2018 年
爱尔兰	1.18	1.29	1.4	1.53	1.79	1.53	1.72	2.06	2.08	2.11	2.03	1.51	1.42	1.54	1.70
爱沙尼亚	..	0.99	1.09	1.2	1.52	1.28	1.47	1.73	1.75	1.74	1.68	1.22	1.18	1.34	1.57
奥地利	1.18	1.28	1.37	1.54	1.77	1.45	1.57	1.89	1.86	1.85	1.79	1.33	1.23	1.33	1.49
澳大利亚	..	..	1	1.08	1.25	1.08	1.25	1.58	1.6	1.51	1.42	1.05	0.98	1.08	1.16
比利时	1.42	1.59	1.7	1.9	2.13	1.83	1.93	2.23	2.2	2.19	2.12	1.59	1.48	1.60	1.75
波兰	1.02	1.23	1.28	1.55	1.78	1.32	1.51	1.73	1.75	1.73	1.67	1.23	1.1	1.22	1.37
丹麦	1.4	1.51	1.61	1.79	2.01	1.78	1.91	2.23	2.18	2.25	2.15	1.65	1.55	1.69	1.87
德国	1.41	1.52	1.62	1.84	2.05	1.8	1.88	2.17	2.12	2.12	2.04	1.55	1.44	1.54	1.73
法国	1.32	1.44	1.55	1.74	1.98	1.68	1.78	2.09	2.01	2.04	1.97	1.5	1.44	1.55	1.78
芬兰	1.42	1.51	1.62	1.78	2.08	1.78	1.89	2.17	2.14	2.17	2.12	1.61	1.52	1.65	1.78
韩国	..	..	..	..	..	1.40	1.65	1.93	1.98	2.02	2.05	1.66	1.51	1.61	1.71
荷兰	1.56	1.68	1.78	2	2.25	1.87	1.99	2.28	2.26	2.3	2.26	1.73	1.64	1.75	1.91
加拿大	0.67	0.82	0.92	1.01	1.15	0.91	1.1	1.36	1.38	1.37	1.3	0.94	0.86	0.98	1.1
捷克	1.04	1.19	1.31	1.45	1.78	1.43	1.67	1.96	1.88	1.85	1.74	1.27	1.17	1.30	1.48
卢森堡	1.12	1.27	1.36	1.54	1.72	1.44	1.54	1.79	1.78	1.77	1.7	1.3	1.21	1.31	1.44
美国	0.52	0.63	0.71	0.77	0.89	0.65	0.77	0.96	0.99	0.97	0.94	0.7	0.63	0.71	0.81
墨西哥	0.63	0.69	0.72	0.78	0.8	0.7	0.78	0.83	0.83	0.94	1.01	0.89	0.76	0.94	1.00

续表

国 家	2004 年	2005 年	2006 年	2007 年	2008 年	2009 年	2010 年	2011 年	2012 年	2013 年	2014 年	2015 年	2016 年	2017 年	2018 年
挪威	1.48	1.68	1.79	1.99	2.22	1.89	2.1	2.44	2.56	2.51	2.35	1.7	1.61	1.77	1.91
葡萄牙	1.28	1.42	1.61	1.81	2.03	1.72	1.82	2.15	2.11	2.1	2.02	1.59	1.53	1.65	1.82
日本	1.04	1.13	1.18	1.19	1.52	1.29	1.52	1.83	1.84	1.6	1.54	1.14	1.11	1.19	1.36
瑞典	1.36	1.47	1.56	1.74	1.91	1.59	1.81	2.16	2.19	2.21	2.07	1.57	1.52	1.63	1.77
瑞士	1.13	1.23	1.31	1.4	1.65	1.39	1.57	1.95	1.93	1.91	1.88	1.55	1.43	1.53	1.67
斯洛伐克	1.09	1.2	1.33	1.54	1.81	1.55	1.66	2.02	2.00	2.00	1.97	1.45	1.36	1.47	1.62
斯洛文尼亚	..	1.14	1.25	1.41	1.56	1.46	1.59	1.8	1.9	1.97	1.92	1.43	1.32	1.43	1.56
土耳其	1.37	1.89	1.94	2.22	2.47	2.02	2.46	2.51	2.51	2.5	2.21	1.66	1.51	1.46	1.3
西班牙	1.08	1.19	1.28	1.42	1.62	1.39	1.54	1.84	1.83	1.9	1.84	1.36	1.28	1.38	1.52
希腊	1.01	1.1	1.21	1.39	1.62	1.4	1.88	2.3	2.23	2.23	2.16	1.62	1.53	1.69	1.87
新西兰	0.81	0.97	1.05	0.18	1.32	1.05	1.34	1.7	1.78	1.82	1.84	1.46	1.38	1.45	1.56
匈牙利	1.18	1.31	1.32	1.51	1.7	1.41	1.63	1.91	1.9	1.87	1.75	1.28	1.18	1.29	1.42
以色列	1.1	1.21	1.32	1.44	1.77	1.51	1.77	2.08	2.01	2.09	2.09	1.65	1.56	1.7	1.82
意大利	1.4	1.52	1.61	1.78	2.02	1.71	1.81	2.16	2.3	2.32	2.27	1.71	1.6	1.73	1.89
英国	1.47	1.58	1.68	1.89	1.96	1.55	1.81	2.14	2.15	2.1	2.1	1.7	1.47	1.51	1.67
智利	0.81	0.98	1.13	1.18	1.2	0.93	1.25	1.52	1.62	1.62	1.54	1.15	1.04	1.14	1.26
中国	0.39	0.45	0.56	0.61	0.82	0.87	0.98	1.17	1.25	1.26	1.26	1.01	0.91	1.02	1.16

资料来源：《Energy Prices and Taxes，2nd Quarter 2019》，IEA。

注 价格为含税价格；X 表示数据不适用；.. 表示数据不可用。

附表 3 - 6　2004—2018 年部分国家非商业车用柴油价格　美元/L

国　家	2004 年	2005 年	2006 年	2007 年	2008 年	2009 年	2010 年	2011 年	2012 年	2013 年	2014 年	2015 年	2016 年	2017 年	2018 年
爱尔兰	1.10	1.29	1.37	1.48	1.86	1.42	1.60	1.97	2.00	2.01	1.93	1.39	1.28	1.40	1.58
爱沙尼亚	..	1.00	1.09	1.19	1.68	1.26	1.47	1.77	1.76	1.76	1.68	1.20	1.15	1.33	1.54
奥地利	1.01	1.18	1.27	1.42	1.81	1.35	1.46	1.85	1.81	1.80	1.72	1.24	1.14	1.25	1.45
澳大利亚	0.74	0.91	1.01	1.09	1.33	1.05	1.17	1.53	1.55	1.47	1.40	0.97	0.88	0.99	1.12
比利时	1.09	1.29	1.35	1.50	1.83	1.42	1.59	2.00	1.97	1.96	1.88	1.28	1.32	1.50	1.78
波兰	0.87	1.14	1.23	1.36	1.75	1.17	1.41	1.70	1.74	1.73	1.65	1.19	1.05	1.17	1.36
丹麦	1.14	1.28	1.38	1.52	1.86	1.46	1.60	1.95	1.91	2.02	1.90	1.39	1.29	1.41	1.62
德国	1.16	1.32	1.40	1.60	1.95	1.51	1.62	1.98	1.92	1.90	1.86	1.41	1.22	1.33	1.55
法国	1.10	1.27	1.35	1.50	1.86	1.39	1.52	1.90	1.80	1.79	1.71	1.28	1.22	1.39	1.70
芬兰	1.05	1.20	1.28	1.40	1.85	1.38	1.50	1.90	1.99	2.00	1.96	1.43	1.32	1.46	1.64
韩国	0.79	1.05	1.28	1.37	1.47	1.09	1.30	1.58	1.60	1.58	1.56	1.15	1.02	1.13	1.26
荷兰	1.10	1.27	1.36	1.49	1.88	1.38	1.55	1.88	1.86	1.89	1.87	1.36	1.26	1.38	1.58
加拿大	..	..	0.86	0.93	1.17	0.79	0.98	1.26	1.26	1.25	1.21	0.86	0.74	0.85	0.99
捷克	0.97	1.16	1.28	1.42	1.86	1.38	1.61	1.94	1.87	1.85	1.75	1.27	1.12	1.26	1.45
卢森堡	0.86	1.05	1.15	1.28	1.62	1.17	1.32	1.62	1.62	1.62	1.55	1.13	1.02	1.12	1.30
美国	0.48	0.63	0.71	0.76	1.00	0.65	0.79	1.02	1.05	1.04	1.01	0.64	0.61	0.70	0.84
墨西哥	0.45	0.48	0.50	0.53	0.56	0.57	0.68	0.76	0.80	0.92	0.99	0.89	0.75	0.89	0.98

续表

国家	2004 年	2005 年	2006 年	2007 年	2008 年	2009 年	2010 年	2011 年	2012 年	2013 年	2014 年	2015 年	2016 年	2017 年	2018 年
挪威	1.29	1.53	1.60	1.77	2.17	1.70	1.95	2.27	2.27	2.24	2.08	1.52	1.39	1.63	1.83
葡萄牙	0.98	1.16	1.31	1.48	1.85	1.39	1.53	1.91	1.86	1.84	1.73	1.32	1.25	1.40	1.59
日本	0.81	0.91	0.97	1.01	1.36	1.11	1.29	1.58	1.59	1.39	1.34	0.97	0.94	1.00	1.16
瑞典	1.16	1.39	1.51	1.63	2.03	1.51	1.73	2.16	2.17	2.23	2.10	1.58	1.55	1.66	1.79
瑞士	1.16	1.32	1.39	1.47	1.87	1.47	1.65	2.10	2.06	2.04	1.99	1.61	1.47	1.61	1.78
斯洛伐克	1.05	1.21	1.34	1.53	1.95	1.54	1.50	1.87	1.86	1.87	1.80	1.27	1.17	1.29	1.49
斯洛文尼亚	..	1.13	1.21	1.33	1.65	1.40	1.52	1.73	1.75	1.83	1.79	1.30	1.19	1.33	1.51
土耳其	1.08	1.46	1.56	1.77	2.21	1.68	2.04	2.20	2.24	2.29	2.00	1.42	1.28	1.29	1.20
西班牙	0.94	1.11	1.19	1.31	1.65	1.27	1.42	1.77	1.75	1.80	1.73	1.24	1.12	1.24	1.42
希腊	0.92	1.09	1.20	1.35	1.76	1.34	1.63	2.03	1.94	1.83	1.76	1.28	1.18	1.42	1.62
新西兰	0.48	0.64	0.74	0.77	1.02	0.64	0.86	1.17	1.22	1.21	1.17	0.80	0.70	0.84	0.99
匈牙利	1.08	1.27	1.29	1.44	1.79	1.33	1.55	1.89	1.93	1.90	1.79	1.28	1.18	1.30	1.47
以色列	0.82	1.01	1.13	1.32	1.93	1.56	1.77	2.13	2.05	2.07	2.08	1.64	1.51	1.69	1.87
意大利	1.17	1.38	1.46	1.59	1.96	1.50	1.61	2.01	2.19	2.20	2.14	1.56	1.42	1.56	1.76
英国	1.05	1.65	1.75	1.94	2.15	1.62	1.84	2.22	2.25	2.20	2.20	1.75	1.49	1.54	1.73
智利	0.55	0.71	0.84	0.88	1.14	0.76	0.95	1.20	1.25	1.24	1.17	0.78	0.64	0.75	0.91
中国	0.39	0.45	0.56	0.64	0.83	0.85	0.97	1.15	1.18	1.18	1.15	0.90	0.78	0.88	0.99

资料来源：《Energy Prices and Taxes，2nd Quarter 2019》，IEA。

注 价格为含税价格；.. 表示数据不可用。

2. 天然气价格

附表 3-7　　2004—2018 年部分国家工业用天然气价格　　美元/（MW·h）

国　家	2004 年	2005 年	2006 年	2007 年	2008 年	2009 年	2010 年	2011 年	2012 年	2013 年	2014 年	2015 年	2016 年	2017 年	2018 年
奥地利	..	..	..	..	..	..	..	..	42.0	41.5	39.0	42.6	39.2	34.8	37.6
比利时	..	..	..	..	42.3	36.4	34.3	39.4	41.1	42.8	33.5	33.1	27.6	27.5	31.7
加拿大	19.3	23.4	20.4	15.4	24.9	13.1	10.9	11.7	9.2	10.9	13.6	10.0	14.1	..	15.5
捷克	20.6	25.8	33.4	29.2	38.6	37.0	37.2	38.4	40.8	39.6	38.0	35.5	31.7	29.6	32.3
丹麦	..	..	..	30.8	36.2	29.5	38.6	45.0	44.7	47.5	39.8	37.6	30.7	34.9	41.8
爱沙尼亚	..	..	..	..	29.8	27.4	31.0	32.1	40.0	40.0	40.3	34.2	26.5	30.7	36.9
芬兰	15.8	17.7	23.0	22.7	29.6	27.9	30.9	42.9	47.2	47.2	45.4	42.0	40.3	46.2	53.7
法国	20.5	25.8	31.8	34.8	40.5	39.3	38.7	41.9	45.9	46.8	44.5	42.8	37.1	39.3	43.6
德国	26.0	31.1	40.5	40.8	44.1	38.8	38.4	40.7	39.1	42.4	37.9	34.7	29.9	26.9	30.8
希腊	18.1	24.4	..	31.2	42.7	30.8	37.9	45.4	58.6	51.8	48.0	37.5	28.5	..	..
匈牙利	18.3	21.6	29.7	33.6	40.7	38.7	27.8	31.9	39.2	37.2	43.4	34.8	29.0	26.1	31.5
爱尔兰	22.8	29.2	36.0	..	40.9	33.7	31.6	35.6	40.0	43.9	41.3	36.5	34.8	36.2	41.8
意大利	23.4	27.5	35.1	34.8	42.9	38.9	35.4	39.9	48.0	47.9	43.2	42.4	37.3	..	39.5
日本	32.5	33.9	38.8	41.0	..	40.6	42.7	50.0	54.8	62.7	68.2	51.5	36.9	..	..
韩国	32.7	32.3	38.6	42.9	45.5	49.9	49.2	57.8	61.2	64.2	67.4	49.8	42.0	43.7	43.3
卢森堡	..	..	..	..	24.3	32.5	35.8	40.6	43.5	45.5	38.1	43.1	31.5	28.9	33.1
荷兰	..	..	..	32.2	35.5	34.4	29.3	31.2	33.9	35.5	34.8	32.2	27.8	27.2	30.3

续表

国　家	2004 年	2005 年	2006 年	2007 年	2008 年	2009 年	2010 年	2011 年	2012 年	2013 年	2014 年	2015 年	2016 年	2017 年	2018 年
新西兰	12.2	18.0	20.4	21.8	21.2	23.5	20.5	19.5	20.0	20.5	19.0	18.0	15.7	17.9	18.5
波兰	14.9	16.5	20.8	23.6	29.2	30.7	31.2	33.3	37.8	35.4	36.6	31.8	24.6	25.3	30.1
葡萄牙	22.3	26.6	30.8	32.4	36.3	34.6	34.3	40.6	46.2	47.3	49.1	44.8	34.7	31.0	33.6
斯洛伐克	25.2	28.7	36.2	33.4	42.8	36.1	39.1	40.7	46.1	41.9	37.5	36.9	34.5	32.5	34.4
斯洛文尼亚	..	..	..	..	43.5	39.8	43.9	47.3	56.5	49.2	44.0	38.6	32.8	31.2	35.2
西班牙	16.8	19.8	27.4	26.9	32.3	30.3	28.6	30.6	38.6	38.9	37.8	33.8	26.9	26.9	30.2
瑞典	..	..	..	40.7	50.8	43.8	47.2	51.4	50.1	48.6	44.1	43.8	38.5	40.8	50.1
瑞士	38.2	43.8	53.3	60.4	70.5	66.8	60.3	65.3	68.2	68.0	68.3	64.2	61.9	60.6	73.5
土耳其	7.7	9.6	11.9	13.5	17.5	17.1	14.4	15.5	20.2	22.8	23.2	24.3	23.7	22.0	23.7
英国	12.2	18.2	23.1	18.4	26.9	25.1	23.6	28.5	31.2	34.5	31.3	28.0	23.8	25.2	30.4
美国	21.7	28.0	26.0	25.3	31.9	17.6	17.8	16.9	12.8	15.3	18.3	12.9	11.6	13.7	13.9
中国	27.7	28.1	27.5	29.4	33.5	35.8	37.6	41.0	42.3	44.2	48.5	51.9	47.1	46.2	48.5

资料来源：《Energy Prices and Taxes，2nd Quarter 2019》，IEA。

附表 3 - 8　　2004—2018 年部分国家工业用天然气价格

本币元/（MW·h）

国　家	2004 年	2005 年	2006 年	2007 年	2008 年	2009 年	2010 年	2011 年	2012 年	2013 年	2014 年	2015 年	2016 年	2017 年	2018 年
奥地利	..	..	..	..	..	..	..	..	37.3	36.8	34.6	37.8	34.7	30.8	31.9
比利时	..	..	..	..	37.5	32.3	30.4	35.0	36.5	37.9	29.7	29.3	24.5	24.4	26.8
加拿大	25.0	30.3	26.5	20.0	32.3	16.9	14.2	15.3	11.9	14.1	17.7	13.0	18.3	22.4	20.4

续表

国　家	2004年	2005年	2006年	2007年	2008年	2009年	2010年	2011年	2012年	2013年	2014年	2015年	2016年	2017年	2018年
捷克	480.4	602.4	781.2	683.3	901.8	865.1	870.4	897.2	953.9	925.9	888.5	829.1	740.1	691.4	701.3
丹麦	..	..	..	203.5	239.2	194.6	255.2	296.9	295.2	313.6	262.9	248.6	202.7	230.1	264.1
爱沙尼亚	..	..	..	..	26.4	24.3	27.5	28.5	35.5	35.5	35.7	30.3	23.5	27.2	31.3
芬兰	14.0	15.7	20.4	20.1	26.3	24.7	27.4	38.0	41.9	41.9	40.3	37.2	35.7	40.9	45.5
法国	18.2	22.9	28.2	30.8	35.9	34.8	34.3	37.2	40.7	41.5	39.5	38.0	32.9	34.8	36.9
德国	23.1	27.6	35.9	36.2	39.1	34.4	34.0	36.1	34.7	37.6	33.6	30.8	26.5	23.9	26.1
希腊	16.1	21.6	..	27.7	37.9	27.3	33.6	40.3	51.9	45.9	42.6	33.3	25.3	..	..
匈牙利	5012.2	5929.8	8161.8	9222.0	11 166.2	10 623.2	7634.6	8751.6	10 757.6	10 200.5	11 900.2	9558.3	7971.6	7173.5	8503.3
爱尔兰	20.2	25.9	31.9	..	36.2	29.9	28.0	31.6	35.5	39.0	36.6	32.3	30.9	32.1	35.4
意大利	20.8	24.4	31.1	30.8	38.0	34.5	31.4	35.4	42.6	42.5	38.4	37.6	33.1	..	..
日本	3648.5	3801.2	4356.4	4597.3	..	4549.0	4789.0	5611.0	6146.0	7032.0	7647.0	5772.0	4136.0	..	..
韩国	36 913.1	36 461.1	43 660.8	48 534.4	51 439.2	56 458.6	55 653.6	65 318.2	69 212.3	72 536.4	76 147.5	56 246.6	47 509.4	49 353.6	..
卢森堡	..	..	..	..	21.6	28.8	31.8	36.0	38.6	40.3	33.8	38.2	28.0	25.6	28.0
荷兰	..	..	..	28.6	31.5	30.5	26.0	27.7	30.1	31.5	30.9	28.6	24.7	24.2	25.7
新西兰	17.2	25.3	28.8	30.7	29.9	33.0	28.9	27.4	28.2	28.9	26.8	25.3	22.1	25.1	26.7
波兰	56.3	62.5	78.5	89.2	110.2	116.1	117.9	125.9	143.0	133.6	138.3	120.0	93.1	95.5	108.8
葡萄牙	19.8	23.6	27.3	28.7	32.2	30.7	30.4	36.0	41.0	42.0	43.5	39.8	30.8	27.5	28.4
斯洛伐克	22.4	25.5	32.1	29.6	37.9	32.0	34.7	36.1	40.9	37.2	33.3	32.7	30.6	28.8	29.1

续表

国家	2004年	2005年	2006年	2007年	2008年	2009年	2010年	2011年	2012年	2013年	2014年	2015年	2016年	2017年	2018年
斯洛文尼亚	..	..	..	..	38.6	35.3	39.0	41.9	50.1	43.6	39.0	34.2	29.1	27.7	29.9
西班牙	14.9	17.6	24.3	23.9	28.6	26.9	25.4	27.1	34.2	34.5	33.5	30.0	23.9	23.8	25.6
瑞典	..	..	..	348.0	434.5	374.7	403.4	439.0	428.6	415.5	376.8	374.5	329.6	348.5	435.5
瑞士	37.7	43.1	52.5	59.5	69.5	65.8	59.4	64.3	67.2	67.0	67.3	63.3	60.9	59.7	71.9
土耳其	28.2	35.1	43.4	49.3	64.0	62.2	52.5	56.5	73.7	83.1	84.8	88.8	86.6	80.3	114.6
英国	9.5	14.1	17.9	14.3	20.9	19.5	18.3	22.2	24.3	26.8	24.3	21.8	18.5	19.6	22.8
美国	21.7	28.0	26.0	25.3	31.9	17.6	17.8	16.9	12.8	15.3	18.3	12.9	11.6	13.7	13.9
中国											346.4	349.8	338.7	329.1	320.6

资料来源：《Energy Prices and Taxes，2nd Quarter 2019》，IEA。

附表 3-9　2004—2018 年部分国家居民用天然气价格

美元/（MW·h）

国家	2004年	2005年	2006年	2007年	2008年	2009年	2010年	2011年	2012年	2013年	2014年	2015年	2016年	2017年	2018年
奥地利	53.6	56.9	60.7	66.3	67.9	72.7	67.9	74.8	82.7	84.2	82.3	79.9	76.1	78.5	82.6
比利时	..	..	..	..	74.4	63.6	64.2	77.5	80.9	75.5	74.7	70.5	61.9	61.4	..
加拿大	31.1	33.8	36.2	34.4	35.7	30.1	29.4	28.3	26.5	26.8	29.9	26.4	27.4	..	31.9
捷克	33.3	37.8	45.2	43.1	53.3	57.1	56.0	62.7	73.2	70.2	68.4	70.5	67.1	65.5	69.9
丹麦	82.1	97.8	..	95.9	109.4	93.2	108.2	116.1	109.1	111.2	100.8	88.5	82.2	94.7	105.8
爱沙尼亚	..	..	..	..	40.2	42.7	43.8	48.8	57.7	56.3	54.6	46.8	36.7	46.3	..

续表

国 家	2004年	2005年	2006年	2007年	2008年	2009年	2010年	2011年	2012年	2013年	2014年	2015年	2016年	2017年	2018年
法国	42.5	46.1	54.6	59.7	63.4	65.7	63.2	70.5	76.9	81.3	85.5	84.4	78.5	80.4	89.7
德国	54.3	60.2	71.3	73.4	80.1	78.7	71.7	75.1	79.2	80.3	80.5	79.6	77.4	74.8	77.1
希腊	33.1	46.9	..	70.8	80.5	72.7	79.4	87.6	121.1	128.7	118.8	114.5	102.0	..	..
匈牙利	14.3	15.3	19.7	35.4	40.5	45.4	42.0	46.6	49.5	46.9	41.5	40.6	40.1	40.8	41.6
爱尔兰	44.5	51.3	70.8	77.8	68.6	71.0	62.9	65.3	76.1	82.4	85.6	81.8	81.4	78.3	88.0
意大利	60.7	64.3	72.4	71.9	76.4	73.9	80.2	86.6	93.8	99.0	97.0	93.2	88.3	..	93.4
日本	105.4	105.1	110.5	111.7	..	113.0	111.2	117.7	120.7	127.1	135.0	122.3	105.1	..	..
韩国	43.1	42.6	48.8	54.0	54.4	58.6	59.1	68.1	72.3	76.4	80.1	63.7	56.5	58.2	57.7
卢森堡	28.7	37.3	43.2	..	56.9	49.8	49.2	60.0	65.4	67.0	58.8	54.7	48.9	45.7	50.8
荷兰	53.3	62.5	69.5	73.0	82.2	81.1	73.3	78.5	86.6	88.0	87.2	83.4	84.9	85.2	95.1
新西兰	62.3	72.0	72.0	89.4	101.5	83.2	84.9	93.3	94.5	96.9	94.2	94.4	98.4	90.9	99.5
波兰	30.7	32.6	39.1	43.3	51.2	56.9	53.0	57.0	60.8	56.9	60.6	59.5	52.5	50.7	60.6
葡萄牙	70.9	75.2	78.7	74.6	70.7	67.6	69.0	76.0	89.7	99.8	117.2	110.4	97.4	88.6	91.0
斯洛伐克	36.5	41.8	52.8	52.2	54.0	54.4	51.5	55.8	60.0	60.0	60.1	59.0	53.2	50.8	56.1
斯洛文尼亚	..	..	..	..	70.3	70.4	70.5	80.1	86.4	77.6	75.2	70.7	65.5	60.7	65.3
西班牙	50.2	53.4	58.5	61.4	68.1	64.6	62.9	72.3	89.4	94.9	101.0	99.9	90.4	93.7	96.7
瑞典	..	..	..	98.7	109.5	112.6	115.2	124.1	124.2	124.0	123.5	126.1	125.8	131.7	140.2
瑞士	66.5	73.0	83.7	92.2	103.4	97.3	92.5	96.8	101.6	102.0	104.6	98.2	97.7	94.8	100.7

续表

国　家	2004年	2005年	2006年	2007年	2008年	2009年	2010年	2011年	2012年	2013年	2014年	2015年	2016年	2017年	2018年
土耳其	8.7	11.4	14.0	15.9	20.2	20.7	18.6	19.4	24.7	27.5	28.5	30.4	30.8	30.0	25.7
英国	23.8	25.6	27.5	35.5	36.3	43.2	48.8	47.2	54.1	58.6	62.2	65.9	62.1	56.2	55.6
美国	31.4	35.5	42.3	45.4	43.1	45.9	40.0	37.0	36.4	35.3	34.0	36.1	34.2	33.2	36.1
中国	35.0	29.2	29.2	29.2	30.1	31.0	32.5	33.6	34.8	36.2	35.4	35.6	35.8	35.7	36.4

资料来源：《Energy Prices and Taxes，2nd Quarter 2019》，IEA。

附表 3-10　　2004—2018 年部分国家居民用天然气价格　　本币元/（MW·h）

国　家	2004年	2005年	2006年	2007年	2008年	2009年	2010年	2011年	2012年	2013年	2014年	2015年	2016年	2017年	2018年
奥地利	47.5	50.5	53.8	58.8	60.2	64.5	60.2	66.4	73.4	74.7	73.0	70.9	67.5	69.6	70.0
比利时	..	..	..	..	66.0	56.4	57.0	68.8	71.8	67.0	66.3	62.5	54.9	54.5	58.7
加拿大	40.4	43.9	47.0	44.7	46.4	39.1	38.2	36.7	34.3	34.8	38.8	34.3	35.6	..	..
捷克	779.0	883.9	1055.6	1007.6	1246.5	1335.0	1308.0	1464.9	1712.1	1642.1	1598.1	1646.9	1568.8	1530.1	1519.6
丹麦	542.1	645.8	..	633.4	722.4	615.7	714.6	766.6	720.1	734.6	665.6	584.1	542.8	625.5	668.1
爱沙尼亚	..	..	..	..	35.6	37.9	38.8	43.3	51.2	50.0	48.4	41.5	32.5	41.0	55.3
法国	37.7	40.9	48.4	53.0	56.2	58.3	56.1	62.6	68.2	72.1	75.9	74.9	69.7	71.3	76.0
德国	48.2	53.4	63.3	65.1	71.0	69.8	63.6	66.6	70.3	71.3	71.4	70.6	68.6	66.4	65.3
希腊	29.3	41.6	..	62.8	71.4	64.5	70.4	77.7	107.4	114.1	105.4	101.6	90.5	..	..
匈牙利	3912.0	4205.1	5398.4	9714.8	11 103.3	12 455.9	11 531.0	12 782.4	13 586.4	12 858.5	11 399.4	11 129.8	11 002.1	11 202.9	11 242.4

续表

国　家	2004 年	2005 年	2006 年	2007 年	2008 年	2009 年	2010 年	2011 年	2012 年	2013 年	2014 年	2015 年	2016 年	2017 年	2018 年
爱尔兰	39.5	45.5	62.8	69.0	60.8	63.0	55.8	58.0	67.5	73.1	76.0	72.6	72.2	69.5	74.6
意大利	53.9	57.0	64.2	63.8	67.8	65.6	71.1	76.8	83.2	87.9	86.0	82.7	78.3	..	..
日本	11 818.7	11 791.6	12 394.7	12 523.9	..	12 672.0	12 473.0	13 201.0	13 539.0	14 259.0	15 147.0	13 714.0	11 784.0	..	..
韩国	48 667.5	48 116.3	55 157.1	61 048.6	61 525.3	66 247.4	66 805.0	76 987.3	81 722.6	86 385.8	90 554.3	71 970.5	63 848.5	65 758.8	..
卢森堡	25.5	33.1	38.3	..	50.5	44.1	43.6	53.3	58.1	59.4	52.1	48.5	43.3	40.6	43.0
荷兰	47.2	55.4	61.7	64.7	72.9	72.0	65.0	69.6	76.8	78.1	77.3	74.0	75.3	75.5	80.5
新西兰	87.6	101.3	101.3	125.7	142.9	117.1	119.4	131.3	133.0	136.3	132.5	132.9	138.4	127.9	143.7
波兰	116.0	123.3	147.9	163.7	193.4	215.0	200.4	215.3	229.7	215.1	229.1	224.8	198.6	191.6	218.8
葡萄牙	62.9	66.7	69.8	66.2	62.7	59.9	61.2	67.4	79.6	88.5	103.9	97.9	86.4	78.6	77.1
斯洛伐克	32.3	37.1	46.9	46.3	47.9	48.3	45.7	49.5	53.2	53.2	53.3	52.3	47.2	45.1	47.5
斯洛文尼亚	..	..	..	..	62.4	62.4	62.5	71.0	76.6	68.8	66.7	62.7	58.1	53.9	55.3
西班牙	44.5	47.4	51.9	54.5	60.4	57.3	55.8	64.2	79.3	84.1	89.6	88.6	80.2	83.1	81.9
瑞典	..	..	..	843.6	935.8	962.8	984.6	1061.3	1062.0	1060.2	1056.1	1077.7	1075.2	1126.2	1218.7
瑞士	65.5	71.9	82.5	90.8	101.9	95.9	91.1	95.3	100.1	100.5	103.1	96.8	96.2	93.4	98.5
土耳其	31.9	41.8	51.1	58.1	73.6	75.7	67.9	70.8	90.0	100.3	104.1	104.1	111.0	112.4	109.3
英国	19.9	21.4	27.6	28.2	33.6	37.9	36.7	42.0	45.6	48.4	51.2	48.2	43.7	43.2	44.6
美国	35.5	42.3	45.4	43.1	45.9	40.0	37.0	36.4	35.3	34.0	36.1	34.2	33.2	36.1	34.6
中国	197.6	197.6	197.5	203.2	209.3	219.9	227.1	235.2	244.8	239.5	240.5	239.7	273.1	280.2	284.7

资料来源：《Energy Prices and Taxes，2nd Quarter 2019》，IEA。

附表 3 - 11

2009—2018 年俄罗斯出口天然气价格

美元/（10^3m^3）

日期	价格	日期	价格	日期	价格	日期	价格	日期	价格
2009 - 01	317.2	2011 - 01	295.7	2013 - 01	353.4	2015 - 01	276.3	2017 - 01	167.3
2009 - 02	323.3	2011 - 02	295.8	2013 - 02	340.6	2015 - 02	260.6	2017 - 02	172.8
2009 - 03	288.2	2011 - 03	299.1	2013 - 03	341.1	2015 - 03	258.2	2017 - 03	171.1
2009 - 04	257.7	2011 - 04	341.7	2013 - 04	337.1	2015 - 04	228.8	2017 - 04	173.6
2009 - 05	263.4	2011 - 05	353.8	2013 - 05	350.3	2015 - 05	228.4	2017 - 05	174.9
2009 - 06	248.0	2011 - 06	337.0	2013 - 06	345.7	2015 - 06	229.4	2017 - 06	176.8
2009 - 07	225.4	2011 - 07	372.8	2013 - 07	344.0	2015 - 07	222.8	2017 - 07	175.8
2009 - 08	216.9	2011 - 08	367.2	2013 - 08	342.7	2015 - 08	222.0	2017 - 08	179.0
2009 - 09	233.0	2011 - 09	371.9	2013 - 09	324.1	2015 - 09	225.0	2017 - 09	186.5
2009 - 10	231.6	2011 - 10	401.9	2013 - 10	331.7	2015 - 10	204.8	2017 - 10	192.1
2009 - 11	237.5	2011 - 11	414.7	2013 - 11	344.7	2015 - 11	193.3	2017 - 11	194.0
2009 - 12	243.8	2011 - 12	404.8	2013 - 12	347.7	2015 - 12	189.4	2017 - 12	201.6
2010 - 01	261.8	2012 - 01	352.7	2014 - 01	335.7	2016 - 01	173.4	2018 - 01	198.4
2010 - 02	276.1	2012 - 02	359.4	2014 - 02	332.8	2016 - 02	161.0	2018 - 02	204.2
2010 - 03	262.9	2012 - 03	340.9	2014 - 03	327.7	2016 - 03	163.6	2018 - 03	212.6
2010 - 04	260.9	2012 - 04	352.8	2014 - 04	357.4	2016 - 04	150.2	2018 - 04	206.2
2010 - 05	254.4	2012 - 05	369.7	2014 - 05	348.1	2016 - 05	144.4	2018 - 05	210.8
2010 - 06	255.3	2012 - 06	348.4	2014 - 06	327.3	2016 - 06	148.8	2018 - 06	212.8
2010 - 07	272.2	2012 - 07	346.7	2014 - 07	294.2	2016 - 07	150.4	2018 - 07	220.4
2010 - 08	273.0	2012 - 08	349.4	2014 - 08	291.8	2016 - 08	152.2	2018 - 08	222.2
2010 - 09	281.1	2012 - 09	357.0	2014 - 09	294.4	2016 - 09	146.2	2018 - 09	233.4
2010 - 10	282.0	2012 - 10	355.0	2014 - 10	291.0	2016 - 10	154.5	2018 - 10	260.8
2010 - 11	287.6	2012 - 11	353.0	2014 - 11	290.5	2016 - 11	165.3	2018 - 11	251.2
2010 - 12	285.3	2012 - 12	359.1	2014 - 12	291.2	2016 - 12	163.3	2018 - 12	246.9

资料来源：Wind 数据库。

附表 3 - 12

2015—2018 年日本进口 LNG 价格

美元/MMBtu

日期	价格	日期	价格	日期	价格	日期	价格
2015 - 01	15.12	2016 - 01	7.85	2017 - 01	7.52	2018 - 01	9.34
2015 - 02	13.37	2016 - 02	8.01	2017 - 02	7.85	2018 - 02	9.83
2015 - 03	14.28	2016 - 03	7.23	2017 - 03	7.70	2018 - 03	10.11
2015 - 04	10.22	2016 - 04	6.38	2017 - 04	8.20	2018 - 04	10.09
2015 - 05	8.72	2016 - 05	5.86	2017 - 05	8.50	2018 - 05	10.25
2015 - 06	8.59	2016 - 06	5.99	2017 - 06	8.30	2018 - 06	10.44
2015 - 07	8.87	2016 - 07	6.32	2017 - 07	8.29	2018 - 07	10.44
2015 - 08	9.18	2016 - 08	6.67	2017 - 08	8.34	2018 - 08	10.88
2015 - 09	9.64	2016 - 09	7.04	2017 - 09	8.07	2018 - 09	11.30
2015 - 10	9.44	2016 - 10	7.15	2017 - 10	7.77	2018 - 10	11.66
2015 - 11	8.89	2016 - 11	7.07	2017 - 11	7.90	2018 - 11	11.70
2015 - 12	8.50	2016 - 12	7.10	2017 - 12	8.08	2018 - 12	12.00

资料来源：https://ycharts.com/indicators/japan_liquefied_natural_gas_import_price。

附表 3 - 13

2013—2018 年美国进口天然气价格

美元/mcf

日期	天然气	进口管道天然气	进口 LNG	日期	天然气	进口管道天然气	进口 LNG	日期	天然气	进口管道天然气	进口 LNG
2013 - 01	4.14	3.95	7.86	2013 - 04	3.98	3.96	4.90	2013 - 07	3.41	3.37	4.59
2013 - 02	3.99	3.97	4.47	2013 - 05	3.94	3.93	4.51	2013 - 08	3.17	3.01	7.42
2013 - 03	3.84	3.80	5.03	2013 - 06	3.90	3.73	8.65	2013 - 09	3.49	3.01	9.96

续表

日期	天然气	进口管道天然气	进口 LNG	日期	天然气	进口管道天然气	进口 LNG	日期	天然气	进口管道天然气	进口 LNG
2013-10	3.40	3.34	5.79	2015-04	2.59	8.31	2.39	2016-10	2.59	3.10	2.50
2013-11	3.77	3.76	4.62	2015-05	2.52	6.04	2.44	2016-11	2.70	4.95	2.41
2013-12	4.75	4.71	8.75	2015-06	2.56	6.29	2.43	2016-12	3.50	4.63	3.31
2014-01	7.15	6.94	7.13	2015-07	2.66	4.53	2.44	2017-01	3.75	5.56	3.41
2014-02	9.11	8.91	10.99	2015-08	2.74	3.45	2.51	2017-02	3.14	6.39	2.81
2014-03	8.12	8.02	8.47	2015-09	2.75	6.03	2.49	2017-03	2.68	4.35	2.57
2014-04	5.11	4.66	17.34	2015-10	3.23	12.38	2.37	2017-04	2.64	3.74	2.53
2014-05	4.60	4.50	5.99	2015-11	2.40	4.20	2.19	2017-05	2.70	3.86	2.59
2014-06	5.32	4.52	10.48	2015-12	2.28	4.02	2.13	2017-06	2.62	3.58	2.51
2014-07	4.77	4.16	11.80	2016-01	2.80	5.48	2.42	2017-07	2.40	3.44	2.31
2014-08	3.87	3.80	6.56	2016-02	2.43	5.12	2.12	2017-08	2.38	3.34	2.24
2014-09	4.24	3.85	8.73	2016-03	1.73	3.29	1.55	2017-09	2.12	4.08	2.05
2014-10	3.87	3.69	4.63	2016-04	1.61	3.30	1.51	2017-10	2.05	4.41	1.98
2014-11	3.97	3.97	..	2016-05	1.55	3.45	1.44	2017-11	2.52	3.59	2.40
2014-12	4.44	4.10	7.45	2016-06	1.90	3.18	1.76	2017-12	3.26	5.55	2.94
2015-01	4.75	10.90	4.01	2016-07	2.35	3.21	2.26	2018-01	4.41	3.79	7.51
2015-02	5.46	9.13	4.82	2016-08	2.42	3.23	2.29	2018-02	3.02	2.75	5.95
2015-03	3.90	8.10	3.16	2016-09	2.47	3.25	2.42	2018-03	2.45	2.16	7.07

续表

日期	天然气	进口管道天然气	进口 LNG	日期	天然气	进口管道天然气	进口 LNG	日期	天然气	进口管道天然气	进口 LNG
2018-04	2.20	2.11	4.57	2018-07	2.16	2.04	3.72	2018-10	2.61	2.34	5.90
2018-05	1.73	1.64	4.61	2018-08	2.22	2.1	3.72	2018-11	4.10	3.87	10.7
2018-06	1.87	1.77	4.62	2018-09	2.09	1.97	5.02	2018-12	4.89	4.14	8.64

资料来源：https：//www.eia.gov/，EIA。

3. 煤炭价格

附表 3-14　　秦皇岛港动力煤年度现货平仓价数据　　元/t

项目	2004 年	2005 年	2006 年	2007 年	2008 年	2009 年	2010 年	2011 年	2012 年	2013 年	2014 年	2015 年	2016 年	2017 年	2018 年
山西优混（Q5500K）	360.7	425.6	427.0	467.4	723.9	600.4	745.6	818.9	707.3	587.5	517.7	414.0	469.0	635.3	648.2
山西大混（Q5000K）			387.5	421.1	637.4	521.1	647.0	715.8	610.6	509.0	453.2	362.4	421.4	561.0	571.4
普通混煤（Q4500K）			344.0	373.8	556.4	451.1	574.3	620.3	512.6	426.8	399.0	321.5	377.3	511.6	506.9

资料来源：Wind 数据库。

附表 3-15　　国外动力煤年度现货价数据　　美元/t

项目	2009 年	2010 年	2011 年	2012 年	2013 年	2014 年	2015 年	2016 年	2017 年	2018 年
欧洲 ARA 港动力煤	70.37	92.32	121.87	94.47	82.80	75.54	76.78	60.43	84.81	92.13
理查德 RB 动力煤	64.70	91.82	116.28	95.55	81.79	72.28	57.06	64.53	85.20	98.49
纽卡斯尔 NEWC 动力煤	72.40	99.21	121.24	101.02	84.42	70.79	58.94	66.09	88.58	107.28

资料来源：Wind 数据库。

附表 3-16　国外工业用煤炭价格数据　美元/t

国　家	2004 年	2005 年	2006 年	2007 年	2008 年	2009 年	2010 年	2011 年	2012 年	2013 年	2014 年	2015 年	2016 年	2017 年	2018 年
奥地利	168.6	175.9	178.5	197.2	245.6	239.8	205.5	242.8	247.9	256	223.5	169.7	166.7	217.3	177.9
芬兰	122.5	127.6	130.4	143.9	216.7	167.2	168.6	315.1	280.8	271.1	272.1	245.8	269.7	315.0	346.7
日本	53.5	64.7	65.1	72.2	133.4	121.7	120.9	153.9	150.5	126.2	114.9	96.5	91.9	120.5	129.8
波兰	52.0	61.3	65.0	..	105.3	94.4	96.4	109.5	109.4	100.4	93.0	70.1	60.0	75.8	92.3
瑞士	94.3	94.3	95.4	129.6	216.4	137.9	155.4	200.6	152.5	123.5	112.3	98.8	90.9	98.5	117.1
土耳其	40.8	47.8	48.6	69.8	92.6	84.4	83.7	86.4	98	104.9	90.7	80.8	78.0	70.2	77.5
英国	77.7	89.3	89.0	..	104.0	99.6	117.3	149.5	148.6	158.4	158.7	139.2	100.7	102.5	125.8
美国	43.3	52.1	52.1	59.8	70.0	71.5	70.5	71.8	81.4	79.4	79.4	75.2	71.6	70.3	69.8

资料来源：《Energy Prices and Taxes，2nd Quarter 2019》，IEA。

附表 3-17　国内外发电用煤炭价格数据　美元/t

国　家	2004 年	2005 年	2006 年	2007 年	2008 年	2009 年	2010 年	2011 年	2012 年	2013 年	2014 年	2015 年	2016 年	2017 年	2018 年
奥地利	81.3	87.5	92.7	96.2	124.1	133.5	109.1	127.9	129.1	133.4	137.7	92.2	99.2	103.1	99.5
智利			57.4	69.8	116.7	95.4	83.6	106.9	96.3	89.8	84.0	72.0	70.0	88.5	98.2
芬兰	67.0	72.1	74.3	83.7	143.5	97.1	101.7	137	116.1	94.9	96.1	74.5	71.8	99.6	106
德国	70.0	79.7	78.0	90.3	152.6	110.1	117.8	153.1	126.4	108.9	100.3	82.7	79.7	120.2	132.1
墨西哥	37.1	41.0	42.3	45.9	52.4	51.1	54.6	56.1	56.9	60.9	63.1	56.7	51.0	55.6	54.5
波兰	40.0	47.5	51.4	57.7	78.9	80.4	78.5	84.9	83.1	77.7	74.9	59.4	51.3	53.4	66.7
土耳其	25.9	25.2	24.8	27.7	32.2	32.1	36.4	37.4	38.8	44.5	43.5	31.9	28.5	26.2	21.8

续表

国　家	2004 年	2005 年	2006 年	2007 年	2008 年	2009 年	2010 年	2011 年	2012 年	2013 年	2014 年	2015 年	2016 年	2017 年	2018 年
英国	59.7	65.6	70.1	82.3	..	84.9	96.2	128.5	105.1	96.2	91.3	74.9	73.4	95.2	102.5
美国	30.9	35.3	38.8	40.6	47.0	50.5	51.8	54.7	54.5	53.7	53.7	50.9	48.4	47.5	47.2
葡萄牙	57.5	67.7	58.3	76.3	141.5	81.4	88.3	113.3	90.2	78.2	72.1	56.0	54.9	85.2	93.7
中国						90.5	108.5	131.8	128.5	116.3	101.3	81.6	81.1	107.0	112.4

资料来源：《Energy Prices and Taxes，2nd Quarter 2019》，IEA；中国由煤炭价格协会基础数据整理。

4. 电力价格

附表 3-18　　上　网　电　价　　本币元/（kW·h）

国　家	地区（公司）	2006 年	2007 年	2008 年	2009 年	2010 年	2011 年	2012 年	2013 年	2014 年	2015 年	2016 年	2017 年	2018 年
北欧电力市场现货价格		0.049	0.028	0.045	0.035	0.053	0.047	0.031	0.038	0.030	0.021	0.027	0.029	0.0444
瑞典		0.048	0.030	0.051	0.037	0.057	—	0.033	0.039	0.032	0.022	0.029	0.031	0.454
芬兰		0.049	0.030	0.051	0.037	0.057	0.049	0.037	0.041	0.036	0.030	0.032	0.033	0.047
丹麦	西部地区	0.044	0.032	0.056	0.036	0.046	0.048	0.036	0.039	0.031	0.023	0.024	0.030	0.328
	东部地区	0.049	0.033	0.057	0.040	0.057	0.049	0.038	0.04	0.032	0.024	0.029	0.032	0.344
挪威	奥斯陆	0.049	0.026	0.039	0.034	0.054	0.046	0.030	0.038	0.027	0.020	0.026	0.029	0.419
	卑尔根				0.034	0.052	0.046	0.029	0.038	0.027	0.020	0.025	0.029	0.413
	莫尔德 & 特隆赫姆	0.049	0.029	0.051	0.036	0.058	0.047	0.031	0.039	0.032	0.021	0.029	0.030	0.423
	特罗姆瑟	0.049	0.030	0.050	0.036	0.057	0.047	0.031	0.039	0.031	0.020	0.029	0.026	0.420

续表

国家	地区（公司）	2006年	2007年	2008年	2009年	2010年	2011年	2012年	2013年	2014年	2015年	2016年	2017年	2018年
澳大利亚	新南威尔士	0.059	0.042	0.039	0.044	0.037	0.030	0.055	0.055	0.052	0.035	0.052	0.081	0.082
	昆士兰	0.052	0.052	0.034	0.033	0.031	0.029	0.067	0.067	0.058	0.053	0.060	0.093	0.073
	南澳	0.052	0.074	0.051	0.055	0.033	0.030	0.070	0.070	0.062	0.039	0.062	0.109	0.098
	塔斯马尼亚	0.050	0.055	0.058	0.029	0.029	0.033	0.048	0.048	0.042	0.037	0.103	0.075	0.087
	维多利亚	0.055	0.047	0.042	0.036	0.027	0.027	0.057	0.057	0.051	0.030	0.046	0.067	0.092
	澳大利亚平均	0.055	0.048	0.040	0.040	0.031	0.030	0.060	0.060	0.053	0.039	0.064	0.085	0.087
美国		0.053	0.070	0.090	0.081	0.077	0.072	0.065	0.065	0.072	0.065	0.065	0.063	0.064
中国		0.345	0.351	0.365	0.382	0.385	0.397	0.419	0.427	0.419	0.401	0.371	0.376	0.381
韩国		55.63	58.73	71.91	68.58	75.83	82.54	93.75	91.60	93.70	85.92	83.02	87.32	95.67

附表3-19　输配电价　　本币元/（kW·h）

国家	2004年	2005年	2006年	2007年	2008年	2009年	2010年	2011年	2012年	2013年	2014年	2015年	2016年	2017年	2018年
美国	0.031	0.030	0.032	0.030	0.031	0.034	0.035	0.034	0.036	0.037	0.037	0.039	0.040	0.043	0.042
中国	0.117	0.123	0.136	0.145	0.132	0.125	0.147	0.160	0.172	0.193	0.208	0.218	0.219	0.216	0.210

附表3-20　平均销售电价　　本币元/（kW·h）

国家	2004年	2005年	2006年	2007年	2008年	2009年	2010年	2011年	2012年	2013年	2014年	2015年	2016年	2017年	2018年
美国	0.076	0.081	0.089	0.091	0.097	0.098	0.098	0.099	0.098	0.101	0.104	0.104	0.103	0.105	0.105
中国	0.458	0.485	0.497	0.508	0.523	0.531	0.571	0.583	0.617	0.671	0.686	0.683	0.661	0.646	0.631

附表 3 - 21　　　　工　业　电　价　　　　美元/（kW·h）

国家（地区）	2004 年	2005 年	2006 年	2007 年	2008 年	2009 年	2010 年	2011 年	2012 年	2013 年	2014 年	2015 年	2016 年	2017 年	2018 年
奥地利	0.096	0.102	0.109	0.134	0.154	—	—	—	0.138	0.141	0.135	0.109	0.106	0.103	0.110
比利时	—	—	—	—	0.139	0.139	0.125	0.138	0.127	0.152	0.151	0.125	0.131	0.136	0.137
加拿大	0.049	0.055	0.060	0.065	0.071	0.061	0.073	0.081	0.088	0.097	0.080	0.064	0.079	0.084	0.084
智利	—	0.077	0.090	0.114	0.171	0.158	0.152	0.154	0.127	0.118	0.104	0.115	0.125	0.140	0.159
捷克	0.066	0.081	0.094	0.115	0.151	0.148	0.144	0.160	0.145	0.149	0.123	0.098	0.089	0.089	0.096
丹麦	0.096	0.093	0.097	0.101	0.130	0.111	0.114	0.118	0.111	0.128	0.121	0.096	0.098	0.092	0.093
爱沙尼亚	—	—	—	—	0.080	0.084	0.093	0.101	0.101	0.125	0.118	0.098	0.095	0.094	0.103
芬兰	0.072	0.070	—	0.081	0.097	0.097	0.095	0.114	0.104	0.095	0.093	0.075	0.073	0.073	0.079
法国	0.050	0.050	0.051	0.092	0.105	0.107	0.107	0.122	0.116	0.129	0.132	0.114	0.106	0.111	0.116
德国	0.077	0.084	0.094	0.109	0.129	0.140	0.136	0.157	0.149	0.169	0.175	0.145	0.141	0.143	0.145
希腊	0.063	0.067	—	—	0.112	0.114	0.114	0.126	0.134	0.142	0.143	0.105	0.099	0.107	0.104
匈牙利	0.092	0.096	0.105	0.134	0.170	0.160	0.133	0.137	0.132	0.133	0.123	0.100	0.090	0.089	0.094
爱尔兰	0.096	0.099	0.122	0.149	0.186	0.169	0.137	0.152	0.155	0.173	0.166	0.132	0.118	0.124	0.129
以色列	—	0.080	0.078	0.082	0.112	0.097	0.087	0.097	0.108	0.121	0.118	0.091	—	—	0.174
意大利	0.161	0.174	0.210	0.237	0.290	0.276	0.258	0.279	0.292	0.238	0.236	0.188	0.185	0.177	0.161
日本	0.127	0.123	0.117	0.116	0.139	0.158	0.154	0.179	0.194	0.183	0.188	0.162	0.163	0.163	0.100
韩国	0.053	0.059	0.065	0.070	0.060	0.058	0.066	0.074	0.077	0.095	0.105	0.098	0.096	0.099	0.084

续表

国家（地区）	2004 年	2005 年	2006 年	2007 年	2008 年	2009 年	2010 年	2011 年	2012 年	2013 年	2014 年	2015 年	2016 年	2017 年	2018 年
卢森堡	—	—	—	—	0.123	0.136	0.116	0.118	0.112	0.107	0.099	0.072	0.069	0.077	0.089
墨西哥	0.077	0.088	0.099	0.102	0.126	0.086	0.104	0.115	0.115	0.122	0.121	0.082	0.070	0.089	0.093
荷兰	—	—	—	0.121	0.133	0.139	0.116	0.118	0.110	0.113	0.118	0.089	0.085	0.086	0.110
新西兰	0.051	0.061	0.060	0.068	0.071	0.065	0.072	0.085	0.084	0.094	0.100	0.080	—	—	—
挪威	0.043	0.043	0.055	0.048	0.064	0.059	0.074	0.071	0.058	0.069	0.055	0.035	0.042	0.046	0.068
波兰	0.060	0.070	0.073	0.083	0.119	0.120	0.120	0.122	0.115	0.109	0.100	0.090	0.083	0.088	0.096
葡萄牙	0.093	0.098	0.110	0.129	0.131	0.127	0.120	0.139	0.147	0.152	0.156	0.127	0.125	0.123	0.135
斯洛伐克	0.083	0.086	0.098	0.137	0.174	0.195	0.169	0.178	0.170	0.181	0.159	0.130	0.125	0.129	0.141
斯洛文尼亚	—	—	—	—	0.130	0.134	0.121	0.126	0.118	0.126	0.115	0.088	0.084	0.082	0.093
西班牙	0.060	0.083	0.091	0.090	0.125	0.103	0.132	0.149	—	0.143	0.155	0.126	0.116	0.116	0.127
瑞典	—	—	—	0.076	0.095	0.083	0.096	0.104	0.089	0.090	0.082	0.059	0.060	0.062	0.070
瑞士	0.084	0.081	0.080	0.084	0.094	0.094	0.112	0.132	0.130	0.133	0.129	0.122	0.134	0.124	0.122
土耳其	0.100	0.106	0.100	0.109	0.139	0.138	0.151	0.138	0.148	0.147	0.131	0.112	0.106	0.088	0.084
英国	0.067	0.087	0.117	0.130	0.146	0.134	0.121	0.130	0.134	0.139	0.154	0.145	0.125	0.124	0.139
美国	0.053	0.057	0.062	0.064	0.068	0.068	0.068	0.068	0.067	0.068	0.071	0.069	0.068	0.069	0.069
中国	0.055	0.059	0.065	0.069	0.077	0.081	0.091	0.097	0.106	0.114	0.115	0.112	0.102	0.096	0.095
南非	0.022	0.022	0.022	0.023	0.021	0.026	0.036	0.051	0.051	0.047	0.048	0.045	0.043	0.051	0.053

附表 3 - 22　　居 民 电 价

美元/（kW·h）

国家(地区)	2004 年	2005 年	2006 年	2007 年	2008 年	2009 年	2010 年	2011 年	2012 年	2013 年	2014 年	2015 年	2016 年	2017 年	2018 年
澳大利亚	0.098	—	—	—	—	—	—	—	0.295	0.288	0.283	0.212	0.202	0.237	0.249
奥地利	0.177	0.174	0.174	0.214	0.257	0.256	0.258	0.273	0.254	0.272	0.267	0.221	0.223	0.222	0.230
比利时	—	—	—	—	0.266	0.233	0.232	0.264	0.250	0.280	0.262	0.239	0.292	0.320	0.329
加拿大	0.068	0.076	0.083	0.088	0.090	0.083	0.093	0.105	0.105	0.104	0.099	0.093	0.106	0.109	0.113
智利	—	0.120	0.136	0.166	0.229	0.213	0.209	0.211	0.185	0.172	0.151	0.158	0.169	0.199	0.197
捷克	0.097	0.106	0.122	0.146	0.192	0.192	0.186	0.211	0.199	0.216	0.181	0.152	0.156	0.163	0.183
丹麦	0.283	0.295	0.322	0.344	0.396	0.365	0.356	0.409	0.383	0.371	0.379	0.315	0.330	0.325	0.441
爱沙尼亚	—	—	—	—	0.117	0.124	0.127	0.137	0.139	0.175	0.169	0.139	0.131	0.136	0.159
芬兰	0.123	0.121	0.128	0.145	0.172	0.174	0.175	0.214	0.195	0.202	0.201	0.169	0.169	0.183	0.199
法国	0.142	0.142	0.144	0.156	0.164	0.159	0.165	0.187	0.175	0.195	0.204	0.180	0.182	0.189	0.202
德国	0.198	0.212	0.222	0.263	0.323	0.318	0.319	0.352	0.339	0.388	0.395	0.327	0.329	0.344	0.353
希腊	0.107	0.112	—	—	0.157	0.152	0.158	0.173	0.181	0.216	0.236	0.196	0.190	0.200	0.196
匈牙利	0.134	0.146	0.144	0.188	0.224	0.206	0.219	0.219	0.204	0.182	0.158	0.128	0.126	0.129	0.131
爱尔兰	0.173	0.193	0.200	0.244	0.267	0.255	0.233	0.259	0.270	0.293	0.305	0.252	0.243	0.240	0.257
以色列	—	0.119	0.114	0.124	0.156	0.137	0.140	0.149	0.152	0.171	0.176	0.146	—	—	—
意大利	0.191	0.198	0.226	0.258	0.305	0.284	0.263	0.279	0.288	0.312	0.324	0.274	0.276	0.263	0.280
日本	0.196	0.189	0.178	0.177	0.206	0.228	0.232	0.261	0.277	0.254	0.253	0.225	0.223	0.226	0.239

续表

国家(地区)	2004 年	2005 年	2006 年	2007 年	2008 年	2009 年	2010 年	2011 年	2012 年	2013 年	2014 年	2015 年	2016 年	2017 年	2018 年
韩国	0.079	0.089	0.098	0.102	0.089	0.077	0.083	0.089	0.093	0.132	0.135	0.124	0.119	0.109	0.110
卢森堡	0.147	0.187	0.183	0.231	0.216	0.236	0.215	0.221	0.209	0.208	0.220	0.188	0.181	0.173	0.191
墨西哥	0.090	0.097	0.101	0.093	0.096	0.080	0.090	0.095	0.090	0.091	0.090	0.075	0.064	0.064	0.063
荷兰	0.221	0.236	0.258	0.285	0.243	0.258	0.221	0.238	0.238	0.257	0.252	0.207	0.176	0.171	0.211
新西兰	0.120	0.136	0.133	0.161	0.164	0.151	0.176	0.205	0.213	0.226	0.235	0.197	0.199	0.206	0.201
挪威	0.117	0.122	0.156	0.132	0.151	0.133	0.176	0.171	0.136	0.148	0.127	0.095	0.104	0.113	0.136
波兰	0.103	0.121	0.132	0.151	0.193	0.168	0.179	0.198	0.191	0.196	0.192	0.164	0.155	0.164	0.172
葡萄牙	0.175	0.180	0.184	0.214	0.220	0.215	0.215	0.246	0.261	0.280	0.292	0.253	0.257	0.254	0.268
斯洛伐克	0.134	0.141	0.156	0.188	0.220	0.231	0.213	0.242	0.230	0.238	0.214	0.171	0.170	0.166	0.180
斯洛文尼亚	—	—	—	—	0.168	0.183	0.186	0.202	0.193	0.213	0.213	0.176	0.177	0.178	0.187
西班牙	0.152	0.154	0.165	0.187	0.218	0.212	0.247	0.295	0.288	0.293	0.326	0.212	0.268	0.293	0.312
瑞典	—	—	—	0.196	0.218	0.194	0.218	0.248	0.224	0.234	0.214	0.171	0.174	0.178	0.196
瑞士	0.142	0.139	0.133	0.136	0.154	0.164	0.180	0.223	0.204	0.204	0.209	0.206	0.203	0.204	0.212
土耳其	0.111	0.118	0.111	0.122	0.165	0.165	0.184	0.169	0.185	0.190	0.170	0.145	0.133	0.110	0.104
英国	0.138	0.150	0.179	0.204	0.218	0.191	0.183	0.208	0.216	0.230	0.254	0.230	0.199	0.202	0.231
美国	0.090	0.095	0.104	0.107	0.113	0.115	0.116	0.117	0.119	0.121	0.125	0.127	0.125	0.129	0.129
中国	0.054	0.055	0.057	0.061	0.067	0.068	0.070	0.074	0.077	0.090	0.090	0.088	0.079	0.078	0.080
南非	0.060	0.061	0.059	0.059	0.054	0.063	0.086	0.098	0.097	0.090	0.085	0.077	0.073	0.089	0.090

参　考　文　献

[1] 英国石油公司. BP Statistical Review of World Energy（2019），https：//www. bp. com/.

[2] IEA. Energy Prices and Taxes 2nd Quarter. 2019.

[3] 国网能源研究院．输配电价理论与实务．北京：中国电力出版社，2012.

[4] 国家能源局．2017 年度全国电力价格情况监管通报．2018.

[5] GWEC. Global Wind Report 2018，http：//gwec. net.

[6] 国网能源研究院．国际能源与电力价格分析报告（2016）. 北京：中国电力出版社，2016.

[7] 国网能源研究院有限公司．国内外能源与电力价格分析报告（2017）. 北京：中国电力出版社，2017.

[8] 国网能源研究院有限公司．国内外能源与电力价格分析报告（2018）. 北京：中国电力出版社，2018.